Eva Ruppert Widerstand und Befreiung

Eva Ruppert

Widerstand und Befreiung

Erlebnisse mit Sinti und Roma

Inhalt

Vorwort

Warum dieses Buch? Warum gerade jetzt? Wir leben in einer Zeit, in der der Faschismus allenthalben sein Haupt erhebt und in der in Deutschland eine russlandfeindliche antikommunistische Propaganda geschürt wird, die an faschistische Vorkriegszeiten erinnert. Es soll ein Buch sein über große Freundschaften und große politische Ereignisse, über Menschlichkeit, über Rassismus und gelebten Antifaschismus in Deutschland.

Da muss der Menschen gedacht werden, die noch in den schwierigsten Zeiten des Hitlerfaschismus den Mut hatten aufzubegehren und öffentlich die Wahrheit zu sagen, ohne Rücksicht auf das eigene Leben. Einige solcher mutiger Personen sind mir persönlich begegnet, Kommunisten, Antifaschisten, Juden, Sinti und Roma … Ihnen, die selbst nicht mehr reden können, will ich meine Stimme leihen. Sie dürfen nicht für immer verstummen, sondern sollen gerade in heutiger gefahrvoller Zeit noch einmal zu Wort kommen. Da ist vor allem Irma Thälmann, die Tochter des Vorsitzenden der KPD, der noch 1933, kurz nach der Machtübergabe an Hitler, schon in der Illegalität Sozialisten, Kommunisten und Christen zum Widerstand gegen das faschistische Deutschland und den drohenden Krieg aufrief.

Als gebürtige Saarländerin war ich seit 1945 mit französischen Genossen befreundet, hatte später im saarländischen Schuldienst französische Kollegen und Freunde. Ich erlebte im Saarland 1955 einen heftigen nationalistischen Wahlkampf, als es um die Entscheidung ging, ob das Saarland ein autonomes, wirtschaftlich eng mit Frankreich verbundenes Land bleiben oder an die Bundesrepublik angeschlossen werden sollte. Am Ende votierten 67,7 Prozent gegen das sogenannte Saarstatut, was als Ausdruck des Willens zu einem Beitritt zur Bundesrepublik Deutschland ausgelegt wurde. (Zwanzig Jahre zuvor hatten 90,3 Prozent der Saarländer für den Anschluss an das Hitlerreich gestimmt.)

In erster Linie ging es damals natürlich um wirtschaftliche Interessen. Allerdings wurde auch die französische Kultur, die im Saarland einen großen Einfluss hatte, von französischer Seite besonders gefördert – die »Universität des Saarlandes« war eine französische Gründung. Johannes Hoffmann, ein von den Nazis gejagter Antifaschist, war von 1947 bis 1955 Ministerpräsident des damals autonomen, unter französischem Einfluss stehenden Saarlandes. Er wurde als geistiger Vater des Saarstatuts verunglimpft und als MP entlassen. Der fähige französische Germanist, Präsident der neugegründeten Universität, wurde ebenfalls in die Wüste geschickt. Den nationalistischen, teilweise postfaschistischen Wahlkampf, unter aktiver Beteiligung bundesrepublikanischer Politiker, könnte man heute als Probelauf für die dreißig Jahre später erfolgte Annexion der DDR interpretieren. All das hat meine antifaschistisch-antinationalistische Haltung und die Freundschaft mit den französischen Nachbarn geprägt.

Als in den neunziger Jahren – ich war damals schon im hessischen Schuldienst – auf einem Plakat in Oberursel, einer Nachbargemeinde Bad Homburgs, als Rednerin die »Zigeunerin Anna Mettbach« angekündigt wurde, war ich empört. Der Begriff »Zigeuner« war seit 1945 nicht mehr gebräuchlich, man sprach von Sinti und Roma, wenn auch der Begriff noch nicht eingebürgert war. Jedenfalls war das Plakat ein Skandal und musste sofort entfernt und durch ein neues ersetzt werden.

Von »Antiziganismus« war damals noch keine Rede, obwohl die Volksgruppe bis heute diskriminiert und unterdrückt wird.

Damals lernte ich Anna Mettbach kennen, und nach ihrem eindrucksvollen Vortrag zögerte ich nicht, sie in die Humboldtschule einzuladen, an der ich unterrichtete. So entwickelte sich eine jahrelange Freundschaft, die bis zu ihrem Tod dauerte.

Schon zuvor konnte ich Vertreter der Sinti und Roma in die Schule einladen und so meine Schüler mit der Geschichte dieser Volksgruppe bekannt machen. In den Schulbüchern der damaligen Zeit kam das Thema nicht vor, und ich glaube, bis heute bleibt es den Lehrern überlassen, ob es Eingang in den Unterricht findet …

So gibt es denn eine Reihe von prägenden Begegnungen in meinem nunmehr 90 Jahre währenden Leben, über die ich hier berichten möchte

Eva Ruppert,
Bad Homburg 2023

Irma Thälmann

Wir trafen uns am 6. November 1994, ihrem 75. Geburtstag, zum ersten Mal. Ich nahm in Paris an einem Treffen kommunistischer und Arbeiterparteien Europas teil. Ich gehörte dem »Solidaritätskomitee für Erich Honecker« an und war Sympathisantin des *Pôle de renaissance communiste en France* (PRCF), einer Vereinigung französischer Marxisten-Leninisten, die die Erneuerung der kommunistischen Bewegung in Frankreich anstreben. Als Tochter des von den Faschisten 1944 ermordeten Führers der deutschen Kommunisten wurde Irma in Frankreich sehr geachtet und verehrt, wie ich merkte. Ernst Thälmann war seinerzeit wiederholt in Frankreich aufgetreten, der hohe Respekt übertrug sich nun auf seine bereits betagte Tochter.

Irma Thälmann sprach kein Französisch, zudem hatte inzwischen ihre Sehkraft nachgelassen, weshalb es nahelag, dass ich mich zu ihr gesellte und die Gespräche dolmetschte, die sie mit französischen Genossen führte.

Als wir uns in Paris trennten, schenkte sie mir eine Postkarte, die die geballte Faust zeigte. Was es damit auf sich hatte, konnte ich später in ihrem Buch nachlesen: »Erinnerungen an meinen Vater«. Es war 1954 zum ersten Mal im Kinderbuchverlag der DDR erschienen und erlebte viele Nachauflagen bis in die achtziger Jahre. Über dieses Buch hatte es in dem seinerzeit durchaus angemessen Pathos geheißen: »Diese Erinnerungen zeigen den großen Menschen Ernst Thälmann, den liebevollen Vater und den kühnen Führer der KPD. Sie geben mit schlichten Worten ein anschauliches Bild von dem großen Mut und der vorbildlichen Standhaftigkeit Ernst Thälmanns während der Zeit seiner Einkerkerung durch die Faschisten. In diesem Buch erfahrt ihr, wie Ernst Thälmann – der sein Volk über alles liebte – lebte, arbeitete und kämpfte.«

In den folgenden Jahren besuchte ich Irma oft in ihrer Wohnung in Baumschulenweg in Berlin, auch an jenem Tag, als wir gemeinsam mit ihrer Tochter und ihrem Enkel einige zufällig aufgetauchte Tonbänder mit Reden Thälmanns aus dem Jahr 1925 anhörten. Leider gelang es trotz alle Bemühungen nicht, die alten Bänder technisch wieder aufzubereiten.

Die Gespräche mit Irma waren immer interessant und spannend; ich beschloss damals, diese aufzuzeichnen. Irma war schon als Kind sehr selbstbewusst und widerständig, so zitierte sie eines Tages ein Gedicht, eine Parodie auf den Text des »Vaterunser«, das sie in einer Vertretungsstunde für Religion vortrug – Irma nahm nicht am Religionsunterricht in der Volksschule teil

Nach der Konterrevolution 1989 und dem Ende der DDR begleitete ich Irma nach Buchenwald, wo sie energisch und mit Erfolg gegen eine Änderung des Textes auf der Gedenktafel für ihren Vater protestierte. Danach beschloss ich, ein Interview mit Irma zu führen, in dem sie von ihrer Befreiung durch die Rote Armee berichtet.

Irma – seit 1940 mit ihrem Jugendfreund Heinrich Vester verheiratet und unweit von Schaffhausen lebend – war am 15. April 1944 von der Gestapo festgenommen worden. Dort, vor ihrem damaligen Wohnhaus in der Rielasinger Straße 180 in Singen, erinnert seit 2018 ein Stolperstein an die Tochter des KPD-Vorsitzenden.

Der *Südkurier* berichtete am 9. Februar 2018: »Neben Rosa Thälmann und ihrer Tochter Irma wird am 20. Februar auch für Ernst Thälmann ein Stolperstein

Stolperstein für Thälmanns Tochter Irma in Singen in Baden-Württemberg, ebenso für ihre Mutter Rosa und ihren Vater Ernst Thälmann

in der Rielasinger Straße 180 gesetzt. Damit soll an das Schicksal der Familie erinnert werden, außerdem kommt die Initiative (*das war eine Gruppe geschichtsbewusster Menschen, die die Unterstützung des Oberbürgermeisters von Singen hatte – E. R.*) damit einem Wunsch von Gunter Demnig nach. Der Künstler aus Köln, auf den die europaweite Aktion der Stolpersteine zurückgeht, hat sich die Erinnerung an die Opfer des Nationalsozialismus zur Lebensaufgabe gemacht. Die Verlegung der Stolpersteine in Singen wird Gunter Demnig selbst vornehmen.«

Irma Thälmann-Vester war ohne Verfahren zunächst in Singen, später in Hamburg und Berlin inhaftiert, ihre Mutter Rosa vierzehn Tage nach ihr festgenommen worden. Beide kamen schließlich in das Frauen-KZ Ravensbrück nördlich von Berlin. In den Begleitpapieren stand »Rückkehr unerwünscht«.

Das Konzentrationslager Ravensbrück, in dem auch Irma und Rosa Thälmann litten

Im größten Konzentrationslager für Frauen im faschistischen Deutschland, das die Nazis bei Fürstenberg an der Havel 1938/39 hatten errichten lassen, wurden Frauen und Kinder aus vierzig Nationen gequält, mindestens 28.000 starben. Viele kamen bei der Sklavenarbeit um, die sie in den Rüstungsbetrieben verrichten mussten, welche am Lager angesiedelt wurden, darunter die Firma Siemens & Halske.

Im Februar 1945 war eine provisorische Gaskammer eingerichtet worden. Rudolf Höß, bis Ende 1943 Lagerkommandant in Auschwitz und jetzt hier lebend, koordinierte nun die Massenmorde in Ravensbrück. Am 30. April 1945 befreite die Rote Armee die im Lager verbliebenen Häftlinge – die Mehrheit hatten die faschistischen Bewacher Tage zuvor auf Todesmarsch geschickt. Rosa Thälmann und ihre damals 25-jährige Tochter überlebten.

Mahn- und Gedenkstätte Fürstenberg. An dieser Stelle wurde die Asche der Toten in den Schwedtsee gekippt

Irma erzählte mir gern über ihre Kindheit. Als sie vier Jahre alt war, hatte es den Hamburger Aufstand gegeben, den ihr Vater geführt hatte. »Ich habe vieles von diesem Kampf vergessen, aber warum dieser

Irma und Mutter Rosa Thälmann, 1928

Kampf geführt wurde, das hat sich fest für mein ganzes Leben eingeprägt«, sagte sie. Damit meinte sie die politischen und die sozialen Auseinandersetzungen in der Gesellschaft, nicht zuletzt auch den Bruderkrieg zwischen Kommunisten und Sozialdemokraten.

In einfachen Worten erzählte sie vor Schulklassen und Brigaden über ihren Vater, schrieb über ihn und berichtete auch mir Begebenheiten aus der Zeit vor 1933. In jenem Jahr verlor Irma ihren Vater, auch wenn sie ihn bei Gefängnisbesuchen mit ihrer Mutter traf und auch Kurierdienste für ihn erledigte.

Die komplizierten Auseinandersetzungen auch in der Parteispitze, die komplexen gesellschaftlichen und internationalen Prozesse in jener Zeit überschaute Irma damals nicht, und auch später durchdrang sie diese nicht in allen Einzelheiten. Sie hatte sieben Jahre lang die Volksschule besucht, danach eine Berufsschule, die sie aber auf Betreiben der Nazis verlassen musste. Wegen ihres Namens fand sie auch keine Arbeit. Und nach der Befreiung bekam sie – ebenfalls wegen des Namens – in der neuen antifaschistisch-demokratischen Ordnung viele politische Aufgaben.

Es war und ist ungehörig, ihr vorzuhalten, dass sie als Tochter des ermordeten KPD-Vorsitzenden, dieser Symbolfigur des deutschen Antifaschismus, keine Intellektuelle geworden war, die alles hätte analysieren können und müssen, welche tatsächliche Bedeutung Ernst Thälmann in der nationalen und in der internationalen Arbeiterbewegung besaß. Irma war eine einfache, schlichte Frau, die das Herz am rechten Fleck und eine feste Überzeugung hatte, nämlich proletarisch links.

Sie hatte als Kind Armut, Hunger und Wohnungsnot erlebt, das Elend ihrer Klasse erfahren. Das alles hatte sie geprägt und ihr Weltbild geformt. Ebenso die Solidarität der Arbeiter untereinander, ihrer »großen Familie«.

»Denk daran: die fünf Finger einer Hand können einzeln nicht viel verrichten. Erst wenn man sie zur Faust ballt, werden sie eine Kraft«, sagte ihr Vater. Und mir schenkte Irma in Paris eben jenes Symbol auf einer Postkarte. So erschloss sich mir der Sinn ihres Geschenks.

Ihr Vater Ernst Thälmann habe sich, wenn er denn mal bei der Familie in Hamburg war, sehr dafür interessiert, was sie in der Schule gelehrt bekam. Und griff gelegentlich belehrend ein: was Wesen und was Erscheinung in dieser kapitalistischen Gesellschaft war. Wer ausbeutete und warum, und weshalb die Ausgebeuteten ihre Unterdrückung nicht widerspruchslos hinnehmen dürften …

Irmas Vater, Reichstagsabgeordneter seit 1924, hatte im Frühjahr 1932 für das höchste Amt im Staate kandidiert. Im Wahlkampf hatte er bewusst gemacht, was die Wahl des großbürgerlichen Kandidaten – eines betagten Kriegsverbrechers – in Wahrheit bedeutete: »Wer Hindenburg wählt, wählt Hitler. Und wer Hitler wählt, wählt den Krieg.«

Im zweiten Wahlgang – dieser war nötig geworden, weil Hindenburg mit 49,5 Prozent im ersten Wahlgang nicht die absolute Mehrheit bekommen hatte – votierten 53,1 Prozent der Deutschen für den

Reichspräsidentenwahl 1932. »Wer Hindenburg wählt, wäht Hitler. Und wer Hitler wählt, wählt Krieg!«, erklärte der Kandidat Ernst Thälmann. Und sollte recht behalten

Reichspräsidentenwahl
2. Wahlgang

Paul von Hindenburg
Reichspräsident,
Generalfeldmarschall, Berlin

Adolf Hitler
Regierungsrat im braunschweigischen
Staatsdienst, München

Ernst Thälmann
Transportarbeiter, Hamburg

ehemaligen Generalfeldmarschall, für Thälmann lediglich 10,2 Prozent.

Am 31. Januar 1933 wurde Hitler von Hindenburg zum Reichskanzler berufen und am 3. März 1933 Ernst Thälmann in Berlin verhaftet. Ich kam am 19. September jenes Jahres zur Welt. Das stand zwar in keinem ursächlichen Zusammenhang, sollte aber mein Leben massiv beeinflussen. .

Irma berichtete vom Besuch bei ihrem Vater im Gefängnis Moabit 1933. Ich konnte Irmas Beklemmung nachvollziehen, ging es mir doch bei meinen Besuchen 1992 in Moabit ähnlich. In diesem Gefängnis war Erich Honecker inhaftiert. Zum zweiten Male übrigens. 1935 hatte er dort schon einmal eingesessen. Geschichte wiederholte sich.

Immer saß eine Polizeiaufsicht dabei, man konnte nicht ungestört miteinander reden. Bei einem ihrer Besuche machte Irma heimlich Fotos ihres Vaters mit dem Apparat, den er ihr einst geschenkt hatte.

Ernst Thälmann in seiner Zelle in Hannover, die letzte Aufnahme von ihm

1934 war Irma aus der Schule entlassen worden, wollte kaufmännische Angestellte werden, um später in einem Rechtsanwaltsbüro arbeiten zu können, wie sie mir erzählte – um den Genossen im Kommunistischen Jugendverband, dem sie angehörte, zu helfen. Sie flog von der Handelsschule, dann auch von der Haushaltsschule. Arbeitslos.

Die Briefe, die ihr Vater aus der Haft an sie schrieb, richteten sie wieder auf, machten sie stark und selbstbewusst. Zu ihrem 17. Geburtstag – am 6. November 1936 – ließ er sie wissen: »Wenn unser Name heute in Deutschland auch geächtet wird, so weiß ich doch, dass viele Menschen ihn mit Freude nennen. Du bist das einzige Kind des Mannes, der sein ganzes Leben der Arbeiterbewegung zur Verfügung gestellt hat.

Du musst dein Leben so führen, dass Du als Mädchen, als meine Tochter, dich würdig zeigst. Bald werden die Aufgaben, die das Leben stellt, stärker an Dich herantreten und im Kampf mit ihnen wirst du die starken und schwachen Seiten Deines Charakters kennenlernen. Das höchste Gebot in diesem Kampf, das ist und bleibt die sittliche Haltung und Grundeinstellung. Ohne sie gibt es keinen Aufstieg und kein Vorwärtskommen zum Besseren. Das ist ehernes Gesetz. Bewahre Dir einen hohen Respekt vor den Weisungen deiner Mutter. [...]

Auch in meiner Jugend haben oft kleinste Erlebnisse meinen Weg bestimmt. Und große Dinge haben sich damals für immer in mein Innerstes eingeprägt und mir meine Stellung zur Gesellschaft gezeigt.

Der große Hafenarbeiterstreik in Hamburg vor dem Kriege, das war der erste sozialpolitische Kampf, der sich für immer in mein Herz einprägte. Der Dreyfus-Prozess in Frankreich, der Burenkrieg, das sind Dinge, die großen Einfluss auf die Gestaltung meines künftigen Lebens gehabt haben.

Lies die Werke unserer großen Dichter wie Goethe, Schiller, Lessing und unseren Fritz Reuter.

Und wenn dich eine Idee erfasst, so begeistere dich an ihr. Aber diese Fähigkeit, sich für eine Sache zu begeistern, die muss der Mensch haben. Wo wollte er sonst die Kraft hernehmen, zu kämpfen und den andern verstehen zu können? [...]

Ich kann nicht bei Dir sein und Dich führen und lenken, aber im Geiste bin ich immer bei dir und verfolge deinen Weg. Dein Vater«

Für die Nachgeborenen: Der jüdische französische Offizier Alfred Dreifus war 1894 wegen angeblicher

Spionage für Deutschland verurteilt worden. 1906 wurde das Fehlurteil aufgrund des öffentlichen Drucks – Émile Zola z. B. hatte seinen berühmten Artikel »J'accuse« veröffentlicht – vom Parlament aufgehoben und damit den Justizskandal mit antisemitischer Konnotation beendet.

Mit dem Burenkrieg wurden die militärischen Auseinandersetzungen im Süden Afrikas zwischen der Kolonialmacht Großbritannien einerseits und dem Oranje-Freistaat und Transvaal, den alteingesessen Kolonialstaaten, anderseits bezeichnet. Der Krieg um die an Bodenschätzen reiche Region endete 1902 mit der Eingliederung der beiden Burenrepubliken in das globale britische Kolonialreich.

Irma antwortet darauf mit folgendem Brief:

»Mein lieber Vater!

[…] Diese kurze Zeit, die ich am Geburtstage bei dir verbracht habe, ist mir ein lebender Quell. Ich habe dich wieder einmal in voller Lebensgröße vor mir gehabt und wir haben uns von Angesicht zu Angesicht unterhalten. Solche Erlebnisse geben neuen Mut und Kraft zu neuer Arbeit. […]

Im Laufe der Unterhaltung fiel die Bemerkung, ich sei sehr ernst. Lieber Vater, glaube mir, diese kummervollen Jahre sind nicht ganz spurlos an mir vorübergegangen. Sie haben mich heißer lieben, aber auch noch etwas anderes gelehrt. Gerade mein junges Gemüt empfindet dieses Dein hartes Schicksal ganz besonders. […] Wie lange will man Dir noch die Freiheit und mir meinen Vater rauben? Wenn ich diesen Gedanken nachgehe, lieber Vater, sie machen mein junges Leben ernst. […]

Irma Thälmann (rechts) und Rosa Thälmann (links). Die beiden Frauen hielten die Verbindung zwischen dem inhaftierten KPD-Vorsitzenden und der Partei

Aber warum schreibe ich dir das? Du hast doch denselben Gedanken und den gleichen Kummer.

Da ich Dich wiedergesehen und gesprochen habe, kommt auch wieder neues Hoffen in meine Brust. Möge es uns bald in Erfüllung gehen! […]«

Ein anderer prophetischer Satz Thälmanns ist überliefert, der in Irmas Erzählungen wiederholt vorkam. Sie konnte ihn zeitlich nicht verorten, wusste nicht, ob er 1939 die Runde gemacht hatte, nachdem zwischen Nazideutschland und der Sowjetunion ein Nichtangriffspakt geschlossen worden war und viele Menschen, viele Genossen inklusive, von Stalins diplomatischem Schachzug irritiert waren. Oder ob ihn der inhaftierte Thälmann nach dem Überfall auf die Sowjetunion im Sommer 1941 formuliert hatte, als angesichts der scheinbar unaufhaltsam vorwärtsstürmenden Wehrmacht die Verzweiflung um sich griff … Egal, Ernst Thälmann war davon überzeugt und verbreitete Zuversicht: »Stalin bricht Hitler das Genick!«

Ich war – Jahrgang 1933 – damals Kind. Ich erlebte die Verachtung, die kollektive Überheblichkeit gegenüber den slawischen Völkern, insbesondere aber gegenüber den Russen, die gemeinhin, also nicht nur in der Nazipropaganda, als »Untermenschen« bezeichnet wurden. Selbst kindliche Naivität nahm diese Bezeichnung, aber insbesondere die Behandlung dieser Menschen, als ungerecht und unwürdig wahr und lehnte sie darum intuitiv als falsch und widerlich ab.

Russische Zwangsarbeiter oder Kriegsgefangene stützten einmal unseren Keller wegen der Bombenangriffe ab. Meine Mutter hieß sie an unserem Küchentisch Platz nehmen und teilte mit ihnen die Suppe. Auf dem Schulhof waren sowjetische Kriegsgefangene hinter Stacheldraht eingepfercht und bettelten um Brot. Dafür gaben sie uns Kindern selbstgefertigtes Holzspielzeug – ich besitze noch immer eine bemalte Holzschlange, für die ich mein Butterbrot gab. Sie ist wunderschön und eine Reliquie für mich.

Ernst Thälmann war 1937 von Berlin ins Gerichtsgefängnis Hannover überführt worden. Eine

Hölzerne Schlange, gefertigt von einem Rotarmisten

»justizmäßige Erledigung« des Kommunistenführers hatten die Nazis nach dem für sie blamablen Reichstagsbrandprozess gegen Dimitroff und Genossen in Leipzig inzwischen ad acta gelegt. Die internationale Solidarität mit dem eingekerkerten Thälmann war groß, die »Beweislage« sehr, sehr gering.

Im Sommer 1943 wurde Thälmann nach Bautzen überführt. Dort sah ihn Irma zum letzten Mal. Sie selbst wurde unter ihrem Decknamen im antifaschistischen Widerstand »Martha Suhren« am 15. April 1944 verhaftet. Ihre Mutter konnte noch die Dokumente von Ernst Thälmann, die Irma in ihrer Wohnung aufbewahrt hatte, in Sicherheit bringen, ehe sie selbst von der Gestapo abgeholt werden sollte.

Die von den Nazis im August 1944 verbreitete Lüge, Ernst Thälmann sei bei einem Bombenangriff in Buchenwald ums Leben gekommen, glaubten weder Rosa noch Irma Thälmann. Erstens: Warum plötzlich Weimar, wo er doch bis vor wenigen Tagen in Bautzen einsaß? Zweitens: Weshalb sollte ausgerechnet er von einer Bombe getroffen worden sein?

Es herrschten begründete Zweifel am Wahrheitsgehalt dieser Meldung, wenngleich die Ungewissheit, ja die Furcht durchaus existierte: Hatten die Nazis im zwölften Jahr seiner Haft nunmehr doch kurzen Prozess gemacht und den Ehemann und Vater ermordet?

Wie sie später im KZ Ravensbrück erfuhren: So war es. Auf Befehl Hitlers war Thälmann liquidiert worden. Auf einem Zettel Himmlers, den der Reichsführer SS bei einer Besprechung mit Hitler in der Wolfsschanze in Ostpreußen am 14. August

1944 angefertigt hatte, stand unter Punkt 12: »Thälmann: ist zu exekutieren«.

Erst Jahrzehnte später kamen die Details ans Licht. Mitte der achtziger Jahre hatte das Landgericht Krefeld Wolfgang Otto, einst SS-Stabsscharführer und Leiter der KZ-Schreibstube, wegen der Beihilfe an der Ermordung Thälmanns zu vier Jahren Haft verurteilt. Der Bundesgerichtshof hob das Urteil auf, es hielt Ottos Tatbeteiligung für nicht bewiesen. Ende August 1988 sprach das Landgericht Düsseldorf Otto vom Vorwurf der Beihilfe zum Mord an den ehemaligen KPD-Vorsitzenden frei. Irma hatte sowohl in Krefeld als auch in Düsseldorf an dem Verfahren teilgenommen und ließ sich durch Heinrich Hannover juristisch vertreten. In seinem Plädoyer in Düsseldorf erklärte Heinrich Hannover empört: »Der Mord an Ernst Thälmann war nur einer von vielen Morden, an denen jener Mann auf der Anklagebank mitgewirkt hat, einer von den vielen Morden des Naziregimes, die keine Sühne gefunden haben. Wir haben von den Massenmorden an sowjetischen Kriegsgefangenen im sogenannten Pferdestall des KZ Buchenwald gehört, von den Erhängungen polnischer Offiziere an einem transportablen Galgen, von den Erdrosselungen an den Wandhaken des Krematoriumskellers, von Erschießungen durch Exekutionspeletons. Und Herr Otto war an alledem beteiligt.«

Thälmann sei »auf Befehl Hitlers erschossen« worden, stellte Hannover fest. »Nur dem Umstand, dass Irma Gabel-Thälmann, die Tochter des populären Arbeiterführers, das KZ Ravensbrück überlebt hat,

Irma Thälmann als Nebenklägerin im Prozess in Krefeld gegen Wolfgang Otto. Links: Rechtsanwalt Heinrich Hannover, rechts Rechtsanwalt Winfried Matthäus (DDR) aus der Kanzlei von Friedrich Karl Kaul

ist es zu verdanken, dass dieser Mord überhaupt zu einer Anklage geführt hat, die im Wege eines Klageerzwingungsverfahrens herbeigeführt werden musste. Und was aus dieser von der Staatsanwaltschaft widerwillig erhobenen Anklage geworden wäre, wenn nicht Frau Gabel-Thälmann an diesem Verfahren als Nebenklägerin beteiligt wäre, kann das ermessen, wer das Plädoyer der Staatsanwälte gehört hat. Ihr Antrag auf Freispruch rechtfertigte und krönte die jahrzehntelangen Versäumnisse Ihrer Behörde.«

Und Heinrich Hannover machte, ohne dass er den in der bürgerlichen Gesellschaft verpönten Begriff »Klassenjustiz« benutzte, auf den Charakter der Justiz in der Bundesrepublik sarkastisch aufmerksam: »Wie anders weiß der Bundesgerichtshof zuzupacken, wenn es nicht um einen Terroristen von rechts, sondern um einen linken geht. Der gleiche 3. Strafsenat, der dieses Gericht nötigt, die Abwesenheit Ottos bei der Erschießung Thälmanns im Krematoriumseingang festzustellen, billigte die Verurteilung des RAF-Aussteigers Peter-Jürgen Boock als Mittäter des Mordes an Schleyer, obwohl Boock in Bagdad war, als Schleyer im Elsaß erschossen wurde.

Herr Otto war nicht in Bagdad, als Thälmann erschossen wurde. Ihm könnte mit dem gleichen Recht wie Boock unterstellt werden, dass er von Thälmanns Erschießung wusste, an ihrer Vorbereitung beteiligt und mit ihr einverstanden war.

Macht nichts, der eine bekommt lebenslänglich, der andere soll freigesprochen werden. Das ist deutsche Justiztradition.«

Irma, die seit 1955 mit Johannes Gabel verheiratet war, verlor zwischen diesen beiden Verfahren 1986 und 1988 ihren Mann. Johannes starb 1987. Und sie war Anfang Oktober 1986 in der sowjetischen Hauptstadt, um an der Einweihung des Thälmann-Denkmals im Stadtbezirk Frunse teilzunehmen. Ihre enge Beziehung zur Sowjetunion hatte nicht nur mit dem Internationalismus zu tun, sondern auch ganz persönliche Gründe: Sie verdankte einer sowjetischen Ärztin, die wie sie in Ravensbrück eingesperrt war, und einer deutschen Nonne ihr Leben. Die faschistischen Aufseherinnen hatten sie derart drangsaliert, dass sie an den Folgen zu sterben drohte. Somit lebte sie noch wegen dieser beiden Frauen und dank der Befreiung des Lagers durch die Rote Armee.

Eindrucksvolles Bekenntnis der deutsch-sowjetischen Freundschaft auf dem Ernst-Thälmann-Platz

Leidenschaftlicher Arbeitertribun

(Fortsetzung von Seite 1)

nukleare Apokalypse ist nichts Schicksalhaft Unvermeidliches. Die Menschheit hat die Kraft, diese schreckliche Gefahr zu bannen.

Zusammenarbeit und gegenseitige Verständigung in den Fragen von Krieg und Frieden sind ein Gebot des nuklear-kosmischen Zeitalters. Was die Sowjetunion betrifft, so werden wir auch weiterhin aufrichtig und energisch danach streben und nach politischen Wegen zur Beseitigung der Kriegsgefahr suchen.

Diese Überlegungen lagen auch unserem Vorschlag an Ronald Reagan zugrunde, sozusagen ein Arbeitstreffen durchzuführen. Dabei verfolgen wir ein Ziel – endlich die Verwirklichung unserer Vereinbarungen in Angriff zu nehmen, die wir mit dem Präsidenten der USA in Genf getroffen haben. Ich glaube, daß dies in vollem Maße den Interessen sowohl des sowjetischen als auch des amerikanischen Volkes sowie aller Völker der Welt entspricht.

Genossen!

Ernst Thälmann träumte vom Sozialismus auf deutschem Boden. Heute ist der Sozialismus in der Deutschen Demokratischen Republik Wirklichkeit. Und das ist die beste Rechenschaft, die die deutschen Werktätigen Ernst Thälmann geben können.

Beste Wünsche an das Volk der DDR

In der kommenden Woche feiert die DDR ihren Geburtstag. Ich nutze diese Gelegenheit, um dem werktätigen Volk der Republik zu ihrem hohen Feiertag zu gratulieren und Genossen Erich Honecker zu bitten, allen seinen Landsleuten unsere besten Wünsche zu übermitteln.

Von dieser Tribüne, vom Denkmal Ernst Thälmanns, bitte ich die Genossen Herbert Mies und Horst Schmitt, unseren flammenden Gruß den Kommunisten der Bundesrepublik Deutschland und Westberlins zu überbringen, die Thälmanns Sache unter neuen Bedingungen weiterführen.

Das Denkmal, das heute auf diesem Platz eingeweiht wird, der den Namen Thälmanns trägt, ist ein Zeichen der tiefen Verehrung unserer Partei und des sowjetischen Volkes für einen der größten Führer der internationalen Arbeiterklasse.

Ernst Thälmann, der einst Ehrendeputierter des Moskauer Stadtsowjets war, wird von nun an für immer ein Moskauer sein.

Von Brest bis Wladiwostok ist sein Andenken lebendig

Viele Kollektive tragen den Namen des deutschen Arbeiterführers

Die Errichtung des Thälmann-Denkmals werde für die Werktätigen des Moskauer Frunse-Stadtbezirks Ansporn sein, auch künftig unablässig für die weitere Stärkung des Sozialismus und des Friedens zu wirken. Das hatte am 5. Mai 1985 bei der Grundsteinlegung der Maschinist Sergej Jazkow versichert.

Das Arbeiterwort ist eingelöst. Die Planziele für Industrieproduktion und Arbeitsproduktivität wurden gegenüber dem Vorjahr bedeutend übertroffen, für mehr als 7,3 Millionen Rubel wurden bisher bereits Waren zusätzlich hergestellt. Im Wettbewerb der 33 Moskauer Rayons belegt der Frunse-Bezirk einen Spitzenplatz.

„Wenn am Freitag viele Moskauer zu dem neuen Thälmann-Monument kamen, so taten sie es, um das Andenken eines unerschütterlichen Freundes der Sowjetunion, eines Mannes zu ehren, der durch viele persönliche Beziehungen mit dem Land Lenins und insbesondere mit seiner Hauptstadt verbunden war.

Vom 18. Juni 1921, als Ernst Thälmann auf dem Belorussischen Bahnhof zum erstenmal in Moskau eintraf, um am III. Weltkongreß der Kommunistischen Internationale teilzunehmen, bis zu seinem letzten Aufenthalt im Jahre 1932 gab es kaum ein Jahr, in dem er nicht mindestens einmal Gast an der Moskwa gewesen wäre.

Feste Kontakte zu Arbeitern der UdSSR

Nach seiner ersten Rede vor dem Weltforum der Kommunisten am 2. Juli 1921 im Bolschoi-

Mit dem Zerschneiden des Bandes vor dem Podest wird das Thälmann-Denkmal eingeweiht Telefotos: ND/Schmidtke; ZB/Mittelstädt

ner ersten Flugreise nach Moskau in Smolensk zwischengelandet und als Gast vieler Bauern aus der Umgebung mehrere Stunden mit Fragen überschüttet worden. Während einer Tagung im November 1926 im Kreml wurde er zum Ehrensoldaten des Lehr- und Versuchsbataillons „Wystrel" ernannt und erhielt eine komplette Kommandeursuniform.

Ende 1926 begab sich Thälmann in das ukrainische Starokonstantinow zur 2. Kosaken-Kavalleriedivision „Kommuni-

Vorsitzende meine Heimatstadt Charkow. Mir, dem damals Zehnjährigen, wurde die Ehre zuteil, ihm im Namen aller Leninpioniere der Stadt ein rotes Halstuch umzubinden. Am Abend zogen Tausende Einwohner über den Teweljew-Platz, wo Ernst Thälmann von einem Balkon die Faust zum Gruß erhoben hatte, so, wie das Moskauer Denkmal ihn darstellt."

Die Verbundenheit mit Thälmann ist auch nach mehr als einem halben Jahrhundert in

2. Oktober 1986 in Moskau-Frunse: Übergabe des Thälmann-Denkmals mit Gorbatschow und Honecker. Irma Thälmann Zweite von rechts auf dem rechten Bild; Ausschnitt aus dem ND vom 4. Oktober

Anfang Oktober 1986 reiste sie mit einer hochrangigen DDR-Delegation nach Moskau, um der Übergabe des Denkmals von ihrem Vaters beizuwohnen. Der Grundstein war am 5. Mai des Vorjahres, am Geburtstag von Karl Marx, gelegt worden. Im April bereits war ein Thälmann-Denkmal in Berlin während des XI. SED-Parteitages enthüllt worden.

Ernst Thälmann war 1921 zum ersten Mal in Moskau gewesen – er hatte am III. Weltkongress der Kommunistischen Internationale teilgenommen. Sein letzter Besuch erfolgte 1932. In dem Jahrzehnt dazwischen war er jährlich einmal oder sogar mehrmals an der Moskwa gewesen.

1929 besuchte Thälmann auch Charkow in der Ukraine. Wladimir Gall, damals zehn Jahre alt, wurde die Ehre zuteil, wie er sich bei der Übergabe des Moskauer Denkmals erinnerte, im Namen aller

Leninpioniere der Stadt Thälmann ein rotes Halstuch umzubinden. »Am Abend zogen Tausende Einwohner über den Teweljew-Platz , wo Enst Thälmann von einem Balkon die Faust zum Gruß erhoben hatte, so, wie das Moskauer Denkmal ihn darstellt.« Gall gehörte 1945 zu den Befreiern Berlins und leitete in der Nachkriegszeit die Kulturabteilung der Sowjetischen Militäradministration in Halle.

Für ihn besaß Thälmanns Bemerkung, die dieser am 11. April 1931 auf der Exekutivtagung der Komintern formuliert hatte, existenzielle Bedeutung. »Der Kampf um den Sozialismus ist eben der Kampf um die Sicherung des Friedens!«

Ein Satz mit Ewigkeitswert. Gültig zu allen Zeiten.

Das schien die Partei, die 1990 aus der SED hervorgegangen war – und diese wiederum kam aus der KPD und der SPD – auch mit anderen unverändert richtigen Feststellungen gedankenlos über Bord zu werfen. Gleichermaßen enttäuscht wie verärgert verließ Irma Thälmann 1990 die PDS und schloss sich der wieder gegründeten KPD, der Partei ihres Vaters, an. Vier Jahres später bewarb sie sich in Berlin-Lichtenberg für ein Bundestagsmandat und bekam 266 Stimmen.

Irmas Enttäuschung über »ihre« Partei, die PDS, speiste sich auch aus dem Umgang mit dem Ernst-Thälmann-Denkmal im Prenzlauer Berg. Bereits am 11. Juni 1990 hatte der Rat des Stadtbezirks die beiden bronzenen Stelen auf den Granitsockeln links und rechts des Platzes vorm Denkmal entfernen lassen. Auf dem einen stand: »Mein Leben und Wirken kannte und kennt nur eines: für das schaffende deutsche Volk meinen Geist und meinen Willen / meine Erfahrungen und meine Tatkraft / ja mein Ganzes / die Persönlichkeit zum Besten der deutschen Zukunft für den siegreichen sozialistischen Freiheitskampf im neuen Völkerfrühling der deutschen Nation einzusetzen! Ernst Thälmann.«

Proletarier aller Länder, vereinigt euch!

NEUES DEUTSCHLAND

ORGAN DES ZENTRALKOMITEES DER SOZIALISTISCHEN EINHEITSPARTEI DEUTSCHLANDS

Mittwoch, 16. April 1986
41. Jahrgang / Nr. 89
B-Ausgabe
Einzelpreis 15 Pf

Am Vorabend des XI. Parteitages der SED

100000 bei Einweihung des Ernst-Thälmann-Denkmals in traditionsreichem Arbeiterbezirk Berlins

Umweltfreundliches Wohnensemble im neuen Thälmann-Park mit 1300 Wohnungen, Geschäften und Freizeiteinrichtungen / WBK-Taktstraßenleiter Achim Piehler meldete die Fertigstellung
Erich Honecker: DDR kämpft im Thälmannschen Geist für Gesundung der internationalen Lage
Luftangriffe der USA gegen Libyen bedrohen Frieden / Mahnung an Washington zur Besonnenheit
Politik der Deutschen Demokratischen Republik: Wir wollen Frieden, Frieden und nochmals Frieden!

Von unseren Berichterstattern Wolfgang Spickermann und Jochen Zimmermann

Berlin. Mit einer machtvollen Kundgebung, an der mehr als 100000 Berliner teilnahmen, wurden am Dienstag in Berlin, am Vorabend des XI. Parteitages, anläßlich des 100. Geburtstages des großen deutschen Arbeiterführers der Ernst-Thälmann-Park mit seinem Wohngebiet übergeben und das Ernst-Thälmann-Denkmal eingeweiht. Dieses Denkmal, unterstrich der Generalsekretär des ZK der SED und Vorsitzende des Staatsrates der DDR, Erich Honecker, in seiner Rede, kündet für immer davon, daß mit der Errichtung der Arbeiter-und-Bauern-Macht auf deutschem Boden ein neues Kapitel in der Geschichte unseres Volkes aufgeschlagen wurde. Wir folgen der Thälmannschen Tradition, der stets den Kampf um die Verbesserung der Lebensbedingungen mit dem Kampf für den Frieden verband.

Denkwürdiger Tag in der Geschichte der Stadt

Weiteres Vorhaben des X. Parteitages wurde Wirklichkeit

Alte Gasanstalt machte modernen Wohnungen Platz

Titelseite des Neuen Deutschland vom 16. April 1986

Und auf der anderen Tafel vorm Denkmal konnte man lesen, wenn man denn mochte: »Mit der Gestaltung des Sozialismus in der Deutschen Demokrati-

Die Autorin vor dem Denkmal am 17. April 2017

schen Republik setzen wir Ernst Thälmann / dem kühnen Streiter für Freiheit / Menschlichkeit und sozialen Fortschritt unseres Volkes / ein würdiges Denkmal. Erich Honecker.«

Dagegen hatte sich kaum Widerstand in der Partei geregt. 1993 beschloss der Berliner Senat den Abriss des ganzen Denkmals. Das scheiterte aber nicht am Widerstand, sondern am fehlenden Geld. Erst im Laufe der neunziger Jahre formierte sich ein linkes Aktionsbündnis, das einen würdigen Umgang einforderte. Es setzte durch, dass das ständig verunreinigte Denkmal (»Eingekerkert. Ermordet. Beschmiert«) von der Stadt Berlin seit 2006 gereinigt wurde. 2022 stellte die Stadt aus Kostengründen die Reinigung jedoch ein. Die *Berliner Zeitung* schrieb am 22. Juni 2022: »Ausgerechnet […] die CDU in Pankow, die einst in der BVV einen Antrag auf Abriss des Ernst-Thälmann-Denkmals stellte«, beende jetzt die Reinigung. »Ob die fehlende Reinigung jetzt mit dem damaligen CDU-Antrag zu tun hat, ist vollkommen offen«, stellte die Zeitung ironisch fest. Allein 13.000 Euro hätten die Reinigungskosten betragen, monierte der CDU-Sprecher.

Allerdings hatte die CDU keine Probleme damit, 180.000 € für eine »künstlerische Kommentierung« des Denkmals auszugeben.

Wenige Tage nach dem Beginn des Krieges in der Ukraine forderte die CDU Pankow sogar erneut den Abriss des Thälmann-Denkmals. Es solle »verschwinden«, die 50 Tonnen Bronze verkauft und der Erlös »den Opfern des russischen Überfalls auf die Ukraine« übergeben werden.

Im Pergolenweg neben der Gedenkstätte der Sozialisten in Berlin-Friedrichsfelde

Irma Thälmann musste diese geschichtslose Peinlichkeit nicht mehr erleben. Sie verstarb wenige Tage nach ihrem 81. Geburtstag. Das *Neue Deutschland* informierte mit wenigen Zeilen am 13. Dezember 2000 seine Leser: »Am vergangenen Sonntag verstarb nach langer schwerer Krankheit Irma

Im Rondell der Gedenkstätte: Rosa Thälmanns Urne

Gabel-Thälmann, die Tochter des ehemaligen Vorsitzenden der Kommunistischen Partei Deutschlands, Ernst Thälmann. In der DDR wirkte Irma Thälmann, die später den Namen ihres zweiten Ehemannes Gabel annahm, jahrzehntelang ehrenamtlich für die Pionierorganisation ›Ernst Thälmann‹ und die FDJ. Ihr Anliegen war es vor allem, das Andenken an ihren ermordeten Vater und den antifaschistischen Widerstandskampf in Deutschland wach zuhalten.«

Im Januar, bei der alljährlichen Liebknecht-Luxemburg-Demonstration zur Gedenkstätte der Sozialisten, gehe ich auch zum Pergolenweg. Dort ist ihr Stein, der letzte in der Reihe. Und das ist auch nur deshalb möglich, weil ihr Mann hier seine letzte Ruhestätte noch zu DDR-Zeiten fand. Die gesamte Anlage wurde unter Denkmalschutz gestellt, weshalb nun keine neuen Grabstellen aufgemacht werden dürfen. Nur »Hinzubettungen« sind erlaubt.

Man muss kein Schelm sein, um dahinter eine Absicht zu vermuten.

Die Tochter von Irma – Vera Dehle-Thälmann – ist eine drei Sprecherinnen der parteiunabhängigen Lagergemeinschaft Ravensbrück Freundeskreis e. V. (*https://lg-ravensbrueck.vvn-bda.de*) und im Sinne ihrer Eltern und Großeltern aktiv. Am Ende des Buches ist ihre Rede dokumentiert, die sie in Berlin im August 2023 zum Jahrestag der Ermordung ihres Großvaters hielt.

Anna Mettbach

Dieses Bild steht mir vor Augen: Hildegard Lagrenne, die braunlockige resolute Fünfzigerin, die nach dem Krieg auf dem Amt ihren Peiniger aus dem Konzentrationslager wieder begegnete, entschlossen auf ihn zuging und ihm mit ihrem Schirm wortlos einen heftigen Schlag versetzte.

Da ist Herbert Ricky Adler, der Steuerrevisor und Musiker, elegante Erscheinung, der verzweifelt ein Bild seiner Mutter suchte, die in Auschwitz ermordet worden war.

Und da ist Anna, die Sintezza, meine Freundin, die als Siebzehnjährige mehrere Konzentrationslager überlebte und nach dem Todesmarsch sich in Dachau schließlich an den Stiefel eines amerikanischen Soldaten klammerte, bevor sie ohnmächtig zusammenbrach.

Sie alle sind inzwischen gestorben, aber ich will, ich muss an sie erinnern, gerade weil sie keine Stimme mehr haben und Sinti und Roma wie sie noch immer verleumdet, diskriminiert und verfolgt oder gesellschaftlich ausgegrenzt werden. Noch immer oder bereits wieder.

Wann bin ich zum ersten Mal einem Sinto oder einer Sintezza begegnet?

Es muss in den achtziger Jahren gewesen sein, als die Politik noch nicht ganz aus den evangelischen Kirchentagen verdrängt worden war. Es gab damals noch den »Markt der Möglichkeiten«, der vielfältige Foren und Ideen zu Themen wie Menschenrechte, Antifaschismus, Imperialismus, zu Krieg und Frieden bot. Bei einem Rundgang über das Kirchentagsgelände – es muss ihn Nürnberg oder in Hamburg gewesen sein –, entdeckte ich einen Steinmetz, besser einen Bildhauer, der an einer Figur arbeitete. Da mich diese Kunst schon immer interessierte, wie man aus einem Stein einen Torso schälte, blieb ich stehen. Wir kamen ins Gespräch. Es stellte sich heraus, dass er ein Sinto, also ein deutscher »Zigeuner« war. Sein Kunsthandwerk, seine Arbeit, bringe nicht viel ein, aber er könne davon leben. Sagte er.

Danach wollte ich mehr wissen über Sinti und Roma. Ich besorgte mir Literatur zu diesem Thema – die Auswahl war damals begrenzt. Und ich nahm mir vor, meine Schüler mit dieser noch immer diskriminierten Minderheit und den damit verbundenen Fragen bekanntzumachen. So entstand eine Ausstellung mit Fotos, Plakaten und Schautafeln, die die Schüler mit Feuereifer und großem Interesse herstellten. Natürlich gab es auch Filme, die zu diskutieren waren. Sie zeigten meist verwahrloste Protagonisten in primitiven Unterkünften.

Es gab auch ein kleines Büchlein, das im Unterstufen-Unterricht behandelt wurde: »Jenö war mein Freund«, eine Kurzgeschichte von Wolfdietrich Schnurre, die im Zweiten Weltkrieg spielte. Sie handelte von der Freundschaft zweier acht- bzw. neunjähriger Jungen, von denen einer ein Zigeuner war. Jenös merkwürdige Verhaltensweisen – er ließ Teile einer Spielzeugeisenbahn einfach mitgehen und revanchierte sich dafür mit eigenen »Geschenken«. Das stieß nicht nur auf Unverständnis, sondern erregte auch Ärger bei Nachbarn und besonders beim Blockwart. Schließlich wurde die Familie aus ihrer Wohnwagensiedlung von den Nazis vertrieben und deportiert …

In den achtziger Jahren war weder in den Schulbüchern des Fachs Deutsch noch des Fachs Religion das Thema Sinti und Roma berücksichtigt. Von »Antiziganismus« wurde offiziell erst in jüngster Zeit gesprochen. Der Begriff – in Anlehnung an Antisemitismus entstanden – ist bis heute umstritten, weil darin die abwertenden Bezeichnung »Zigeuner« (»fahrendes Volk«, französisches *tsiganes*, englisch *gypsy*) steckt.

Heute kann sich jeder im Internet über den Begriff Antiziganismus informieren. In den achtziger Jahren war das schwieriger, und es lag mir damals sehr am Herzen, meinen Schülern diese Ethnie nahezubringen.

Die öffentliche Diskussion über die Verwendung des Begriffes »Zigeuner« – im Unterschied zu dem eindeutig diffamierenden Begriff »Neger« – geht unverändert weiter. Die Hasspropaganda der Nazis hatte diesen Begriff negativ aufgeladen: »Zigeuner« war das Synonym für »asoziales Gesindel«. Nach dem Krieg verständigte man sich offiziell auf die Bezeichnung »Sinti und Roma« für die zwölf Millionen in Europa lebenden Menschen (»Rom«), die sich dieser Ethnie zugehörig fühlen. Die Vorsitzenden des Vereins »Sinti Allianz« merkte 2011 allerdings kritisch dazu an: »Ein Rassist, der Zigeuner hasst, wird sie nicht lieben aufgrund einer Namenstilgung zugunsten fragwürdiger, unwissenschaftlicher und ausgrenzender Ersatzformeln wie Sinti und Roma.«

Der Verein vertrat seinerzeit etwa ein Drittel der in Deutschland lebenden »Zigeuner« – zehn Sinti-Verbände und einen Lowara-Stamm – und merkte ferner an: »Es gibt viele Zigeuner, die nicht Sinti und Roma sind, und sie möchten hier in Deutschland nicht missachtet werden, indem man sie einem anderen Zigeunervolk zuordnet.«

Damit wurde klar, dass die neutrale Sprachregelung auf ein weiteres Problem verwies, das älter ist als die Naziideologie: der Streit zwischen den einzelnen Stämmen und Gruppierungen.

Der Zentralrat der Sinti und Roma hat sich jahrzehntelang für »Sinti und Roma« anstelle von »Zigeuner« stark gemacht. Der seit 1982 von Romani Rose geleitete Verband (heute 16 Landesverbände und regionale Vereine) ist erster Ansprechpartner für die Bundesregierung und betreibt in Heidelberg das Dokumentations- und Kulturzentrum deutscher Sinti und Roma. Dort ist man der Auffassung, dass »Sinti und Roma« zu sagen nichts mit *political correctness* zu tun habe. »Zigeuner ist eine Fremdbezeichnung der Mehrheitsgesellschaft, die mit vielen Stereotypen beladen ist«, meinte man dort. »Selbst nennt sich niemand so. Es ist schlicht eine Frage des Respekts, die Eigenbezeichnung der Gruppe zu wählen.« Roma sei der Oberbegriff, in Deutschland sage man »Sinti und Roma«, weil die Sinti ein sehr ausgeprägtes Selbstverständnis haben und die größte Gruppe in Deutschland darstellen.

Der Doppelbegriff »Sinti und Roma« ist eine deutsche Erfindung. Fast überall in Europa wird »Rom« – Mensch – als Oberbegriff verwendet. Er entstand in den Bürgerrechtsbewegungen der europäischen Roma in den siebziger Jahren.

Das Wort ist vor allem ein politisches Konzept. Der Direktor der Rroma Foundation in Zürich, Stéphane Laederich, Autor des Standardwerkes »The Rroma«, schrieb dort: »Die Familie ist das Zentrum im Leben eines Roms. Die erste Loyalität gilt immer den Verwandten.« Man sei »Angehöriger einer Großfamilie, dann eines Verbundes von Großfamilien, dann einer Sub-Ethnie – wie der Kalderara, der Lowara oder der Sinti. Zuletzt gelte die Identifikation allenfalls der Weltgemeinschaft der Roma.«

In einem im Frühjahr 2017 zum Internationalen Tag der Roma (8. April) mit der Schweizer *Weltwoche* geführten Interview machte Laederich auf ein Wahrnehmungsproblem aufmerksam: »Bei Roma, die in der Öffentlichkeit als solche sichtbar sind, handelt es sich meist um Bettler, Sexarbeiterinnen, Fahrende.« Von den in der Schweiz lebenden etwa 80.000 Roma beträfe das nur etwa 1000. (Vermutlich verhält es sich in Deutschland nicht anders.) »Für mich steht außer Frage, dass die Medien eine zentrale Rolle spielen. In welchen Zusammenhängen wird über Roma berichtet? Kriminalität, Armut, Prostitution, Menschenhandel ...«, so Stéphane Laederich. Und er führte zum Beweis eine Episode an (die es so vermutlich auch hierzulande hätte geben können): »Als die *Weltwoche* einen Artikel mit dem Titel ›Die Roma kommen: Raubzüge in die Schweiz‹

veröffentlichte, rügte der Presserat die Zeitung zwar wegen des Titelbildes – es zeigte einen kleinen Jungen mit einer Pistole in der Hand –, nicht aber wegen des rassistischen Inhalts des Artikels.«

Am 24. Oktober 2012 wurde unmittelbar neben dem Reichstag ein Denkmal eingeweiht, das an die Sinti und Roma erinnert, die von den deutschen Faschisten europaweit umgebracht wurden. Das war Völkermord und ein jahrzehntelang in Deutschland verdrängtes Menschheitsverbrechen. »Es gibt in Deutschland keine einzige Familie unter den Sinti und Roma, die nicht unmittelbare Angehörige verloren haben – dies prägt unsere Identität bis heute«, erklärte bei der Einweihung Romani Rose. Und er mahnte: »Es gibt aber in Deutschland und in Europa einen neuen, zunehmend gewaltbreiten Rassismus gegen Sinti und Roma. Dieser Rassismus wird nicht nur von rechtsextremen Parteien und Gruppierungen getragen, sondern er findet immer mehr Rückhalt in der Mitte unserer Gesellschaft.«

Das Mahnmal in Berlin ist umstritten bei Gruppen und Untergruppen der geschätzten 80.000 bis 120.000 in Deutschland lebenden »Zigeuner«.

Die Sinti sind eine Gemeinschaft, die sich stark von den Roma – und das sind für sie vornehmlich die osteuropäischen Roma-Völker – abgrenzt. Sie verstehen sich mehrheitlich als sehr wertkonservativ und integriert. Viele Sinti halten beispielsweise auch nichts davon, dass Chali – die Anderen, die Nicht-Sinti, die Nicht-Roma – Romanes lehren und öffentlich machen. Behauptete die Grazer Sprachwissenschaftlerin Barbara Schrammel, die Romanes lehrt

Andere Gruppierungen erklärten sich deutlicher und nahmen das Mahnmal zum Anlass, sich gegen eine vermeintliche Vereinnahmung zu wehren. Timo Adam Wagner, Bundesvorsitzender des Jenischen Bundes Deutschland – sein Verein hat knapp 4.000 Mitglieder – schätzte, dass etwa 250.000 Jenische allein in Süddeutschland leben. »Für die Mehrheitsgesellschaft sind wir Zigeuner«, erklärte Wagner im Sommer 2011 gegenüber dem *Freitag*. »Viele Jenische sind oder waren fahrend, das entspricht ja auch den gängigen Klischees.« Lieber sei ihm, man nenne sie *Jenisch*. Und Zigeuner findet er aber besser als »Sinti und Roma«. »Die politische Formulierung ›Sinti und Roma‹ macht es uns noch schwerer, unsere Anliegen in der Gesellschaft zu Wort zu bringen«, sagte Wagner dem *Freitag*.

Als 2013 ein Sinti- und Roma-Verein in Hannover einen Produzenten von »Zigeuner-Sauce« aufforderte, den Namen des Produkts zu ändern, sprach der *Spiegel* dazu mit dem Vize-Chef des Deutschen Zentralrats der Sinti und Roma, Silvio Peritore. Auf die Frage, ob man noch ruhigen Gewissens ein Zigeunerschnitzel essen dürfe, warnte er davor, das Thema ins Lächerliche zu ziehen. Und reagierte clever und ironisch auf die *Spiegel*-Frage »Werden wir in zehn Jahren peinlich betreten daran denken, dass man 2013 noch Zigeunersoße im Supermarkt kaufen konnte?«: »Zwar werden meinem Volk seherische Fähigkeiten zugesprochen, aber ich kann da keine Vermutungen anstellen. Im Ernst: Ich wünsche mir, dass man sich um Dringenderes kümmert als um diese Frage. Solche Nebenschauplätze bringen niemandem etwas.«

Womit Silvio Peritore ohne jeden Zweifel Recht hatte. (Über den Unsinn des Gendern will ich hier jetzt nicht schreiben.)

Ich will lieber über Anna Mettman, meine Freundin, und andere Roma und Sinti schreiben, die ich habe kennenlernen können und die nun nicht mehr sind. An sie will ich erinnern wie an Irma Thälmann und anderen, die meinen Lebensweg kreuzten, die mich beeindruckten und bewegten.

Die Diskussionen von Verbandsfunktionären und Wissenschaftlern ist am Ende ideologische Flohknackerei, die die Mehrheit der Menschen, über die auf diese Weise gestritten wird, nur mäßig interessiert. Sie beschäftigen sich mit existenzielle Fragen: Wie ernähre ich meine Familie? Behalten wir unsere Wohnung? Kommen die Kinder in der Schule voran? Bleiben wir gesund? Wie ist es mit dem Frieden bestellt? Und mit dem Klima? Können wir uns das Auto noch leisten? …

Ich weiß nicht mehr, wann die Veranstaltung im hessischen Oberursel stattfand, bei der ich Anna kennenlernte. Inzwischen hatte man sich daran gewöhnt, das Wort »Zigeuner« durch »Sinti und „Roma« zu ersetzen. Das war aber wohl noch nicht überall durchgedrungen, denn der Verantwortliche für die Veranstaltung hatte auf das Plakat neben dem Namen der Rednerin Anna Mettbach das Wort »Zigeunerin« gesetzt. Das war ein Skandal! Gutmenschen und Sprachwächter traten auf den Plan und verlangten eine Korrektur. Vom Plakat musste das inkriminierende Wort verschwinden.

Der rheinland-pfälzische Landesverband Deutscher Sinti und Roma zeigte im Foyer des Rathauses Oberursel im Herbst 1998 die Ausstellung »Der Völkermord an Sinti und Roma«, und die Sintezza Anna Mettbach (»eine Zeitzeugin«) sollte bei der Auftaktveranstaltung am 19. Oktober berichten. Musikalische Begleitung: »Schmitto Kling von der Gruppe *Hot Club – The Zigan*«. Mit dem Namen der Band hatte man also keine Probleme.

Zwei Dutzend großformatige Tafeln dokumentierten die Verfolgung der Sinti und Roma in der Pfalz. Die erste große, familienweise Deportation in Deutschland erfolgte am 16. Mai 1940. An die dreitausend Menschen kamen in die Arbeits- und Vernichtungslager in Osteuropas, die die Nazis dort inzwischen errichtet hatten: vom Kleinkind bis zum Greis. Sie wurden morgens zusammengetrieben, in Güterwaggons der Deutschen Reichsbahn gepfercht und gen Osten verbracht. Nirgendwo regte sich Protest oder gar Solidarität.

Der 16. Mai 1940 galt dem Reichssicherheitshauptamt als Modellversuch für massenhafte Deportationen von Juden sowie von Sinti und Roma.

Ich fuhr nach Oberursel auch aus einem anderen Grunde, den ich aus begleitenden Texten erfahren hatte: Anna Kreuz, nachmals Mettbach, war mit 16 Jahren nach Auschwitz deportiert und im August 1944 mit anderen Häftlingen ins KZ Ravensbrück überführt worden. Das bedeutete, dass sie zur gleichen Zeit mit Irma und Rosa Thälmann in jenem Frauenlager war. Anna war im März 1945 von dort zu einen Todesmarsch Richtung Bayern getrieben worden, wo sie im KZ Dachau von der US Army befreit worden war. Seither lebte sie in Gießen …

In dem relativ gut besuchten Rathaussaal erschien eine sehr zierlich, schöne, schlanke und elegant gekleidete Frau mir üppiger silbergrauer Haarpracht. Allein ihre Erscheinung machte Eindruck. Sehr ruhig und unaufgeregt erzählte Anna Mettbach aus ihrem

Anna Mettbach (r.) und Eva Ruppert, 1980er Jahre

Leben, angefangen mit einer angenehmen Kindheit in der Familie, die für sie immer die größte Rolle gespielt habe.

Sie war – sieben Jahre vor mir – 1926 in Mittelhessen geboren worden und lebte mit ihrer Familie in Heidelberg. Die Familie Kreuz mit sechs Kindern war nicht unbedingt arm: Sie kaufte sich ein Haus in Heppenheim in Südhessen. Unmittelbar nach der sogenannten Reichskristallnacht, als am 9. November 1938 die Synagogen brannten und Juden massiv attackiert worden, kam ein Hinweis aus der Stadtverwaltung. Den Zigeunern drohe das gleiche Schicksal wie den Juden, deshalb wäre es das Beste, wenn Herr Kreuz das Haus verkaufe.

Man weiß nicht, ob das eine Warnung oder eine Drohung war. Die Familie reagierte, verkaufte und verzog nach Schweinfurt. Als ob sie dort dem vorgedachten Schicksal würde entrinnen könne? Das 1935 von Hitler erlassene »Reichsbürgergesetz« und das »Gesetz zum Schutze des deutschen Blutes und der deutschen Ehre« galten auch in Bayern. Obgleich alle in der Familie Kreuz ihr Kreuz schlugen, da katholisch, wollten die Christenmenschen in Schweinfurt »keine Zigeuner hier in unserer Kirche«.

Im Oktober 1939 schickte das Reichssicherheitshauptamt einen Festsetzungserlass an die Kriminalpolizeileitstellen im Deutschen Reich, um »binnen kurzem im gesamten Reichsgebiet die Zigeunerfrage im Reichsmaßstab grundsätzlich« zu regeln. Die »später festzunehmenden Zigeuner« seien »bis zu ihrem endgültigen Abtransport in besonderen Sammellagern« zu internieren. Die Ortspolizeibehörden und die Gendarmerie wurden angewiesen, sämtlichen in ihrem Bereich sich aufhaltenden »Zigeunern« und »Zigeunermischlingen« die Auflage zu erteilen, von sofort an ihren Wohnsitz oder Aufenthaltsort nicht mehr zu verlassen. Für die Zuwiderhandlung wurde die Einweisung in ein Konzentrationslager angedroht.

Annas Großmutter und deren Familie wurde als erste nach Polen deportiert. Bald kamen auch keine Briefe mehr von ihrem kranken Onkel aus Baden. Sie habe die Qualen ihrer Mutter nicht mehr ertragen, sagte sie, und sei darum zu ihm gefahren. Doch dort kam sie nie an, wohl aber in Auschwitz. Sie war von einer Polizeistreife kontrolliert und mit Verweis auf den Festsetzungserlass inhaftiert worden.

Sie war selbst in Auschwitz zunächst von dem Irrglauben benebelt, wenn sie nur gut und ordentlich arbeite, käme sie wieder nach Hause. Doch diese Illusion verflog, als man ihr (»wie einem Stück Vieh«) eine Nummer in den Unterarm tätowierte und sie

Das Zigeunerlager in Auschwitz-Birkenau

geschoren wurde »wie ein Schaf«. »Meine Schönheit fiel zu Boden«, sagte sie. (Später, in der Bundesrepublik, habe sie nur noch Kleidung mit langen Ärmeln getragen, die die Lagernummer bedeckte, nachdem sie von zwei Kerlen auf der Straße mit den Worten angemacht worden war, ob dies ihre Telefonnummer auf der Reeperbahn sei.)

Zunächst war Anna Kreuz im Frauenlager, erst Anfang 1944 wurde sie ins sogenannte Zigeunerlager in Auschwitz-Birkenau verlegt. Von Weitem sah sie dort zum letzten Mal eine ihrer älteren Schwestern, eine weitere, so hörte sie dann von Mithäftlingen, sei bereits »ins Gas« geschickt worden. Irgendwann habe sie aufgegeben, an ein Überleben zu glauben.

Am 2. August 1944 wurde das sogenannte Zigeunerlager im KZ Auschwitz aufgelöst. Am Abend eines heißen Sommertages, gegen 19 Uhr, wurde das Lager abgeriegelt, berichtete Anna Mettbach. Sie sprach ins Mikrofon, als erzählte sie von gestern.

Blick über das Lager Auschwitz-Birkenau heute. Von den »Pferdeställen« blieben nur noch die Schornsteine

In Auschwitz-Birkenau waren auf Weisung Heinrich Himmlers 1943 die in verschiedenen Lagern internierten Sinti und Roma zunächst konzentriert worden. Das Zigeunerlager – vierzig Blöcke aus Holz, weshalb man sie »Pferdeställe« nannte – links und rechts einer tausend Meter langen Lagerstraße am Ende von Auschwitz-Birkenau gelegen, eingerahmt von Gaskammern, Krematorien und Selektionsrampe. Entgegen der üblichen Praxis hatte man dort die Familien nicht getrennt, und die Internierten wurden auch nicht Arbeitskommandos zugeteilt, sondern ausschließlich innerhalb des Lagers zu Instandsetzungsarbeiten eingesetzt. Aber die hygienischen Verhältnisse waren extrem schlecht, Seuchen und Krankheiten gefährdeten auch die von der SS an die Rüstungsbetriebe vermieteten Arbeitssklaven in den anderen Lagerbereichen. Das war wohl einer der Gründe gewesen, weshalb Himmler angewiesen hatte, das »Zigeunerlager« zu liquidieren. Die Arbeitsfähigen wurden ausgesondert und verlegt, die anderen ermordet. Vielleicht aber war es auch die erste Maßnahme zur geplanten Auflösung des Lagers. Im November 1944 nämlich wurde mit dem Abriss von Lagerbaracken begonnen, das Vernichtungslager wurde »evakuiert«. Am 27. Januar 1945 befreite die Rote Armee das KZ Auschwitz und die verbliebenen Häftlinge.

»Uns war klar, was die vorhatten«, erzählte Anna Mettmann über jenen 2. August. Die arbeitsfähigen Häftlinge wurden in bereitstehende Waggons verladen, Alte und Schwache und Kinder blieben zurück und kamen »ins Gas«.

Aus den beiden kurz vor der Liquidierung des Lagers von den Häftlingsschreibern gesicherten Hauptbüchern des Lagers (sie wurden von ihnen vergraben und 1949 der Gedenkstätte in Auschwitz übergeben) geht hervor, dass fast 21.000 Menschen in diesem Zigeunerlager eingewiesen worden waren, von denen an die 12.000 (etwa 57 Prozent) starben, also umgebracht wurden. Jeder Vierte starb in der Gaskammer. Im Zigeunerlager waren auch 371 Kinder geboren worden, von denen nicht eines überlebt hatte.

Menashe Lorinczi, ein Häftling in einem anderen Teil des Lagers, berichtete in einem 1994 erschienenen Buch über jene Nacht vom 2. auf den 3. August: »Wir hörten ein furchtbares Geschrei. Die Zigeuner wussten, dass sie in den Tod geschickt werden sollten, und sie schrien die ganze Nacht. Sie waren lange in Auschwitz gewesen. Sie hatten gesehen, wie die Juden an der Rampe ankamen, hatten Selektionen gesehen und zugeschaut, wie alte Leute und Kinder

Links die Selektionsrampe, rechts hinten, vorm Wald, befand sich damals das Zigeunerlager

in die Gaskammer gingen. [Und darum] schrien sie.« Und Elisabeth Guttenberger schrieb in dem 1993 verlegten Gedenkbuch über die Sinti und Roma in Auschwitz: »Die Sinti haben sich gegen die ›Liquidierung‹ des ›Zigeunerlagers‹ zur Wehr gesetzt. Das war eine ganz tragische Geschichte. Da haben die Sinti aus Blech Waffen gemacht. Sie haben die Bleche zugespitzt zu Messern. Damit und mit Stöcken haben sie sich bis zum Äußersten gewehrt. Ich kenne eine Augenzeugin, eine Polin, Zita hieß sie, die bei uns gegenüber im Arbeitseinsatz war, die hat die Auflösung des ›Zigeunerlagers‹ miterlebt. Sie hat mir später unter Tränen erzählt, wie sich die Sinti so verzweifelt geschlagen und gewehrt haben, weil sie wussten, dass sie vergast werden sollten. Und dann wurde dieser Widerstand mit Maschinenpistolen niedergeschossen.«

Anna »entkam« – ihre Arbeitskraft wurde von den in Ravensbrück tätigen Rüstungskonzernen gebraucht. Sie fertigte für Siemens Kleinteile für Funkgeräte, verletzte sich an der Stanzmaschine. »Dass ich damals keine Blutvergiftung bekam, danke ich Gott heute noch«, sagt sie in den stillen Rathaussaal, in dem man eine Stecknadel zu Boden hätte fallen hören, wenn sie denn jemand hätte fallen lassen.

Nach der Befreiung in Dachau machte sie sich auf die Suche nach ihrer Familie. Begab sich nach Frankfurt am Main, klopfte bei Verwandten und Bekannten an. Ein Cousin gab Hinweise, so fand sie Vater und Mutter und die Geschwister – bis auf die beiden älteren Schwestern, die in Auschwitz »geblieben« waren. Die Familie hatte in Dörfern bei Bauern und im Wald überlebt, Vater war 1940 zur Wehrmacht eingezogen und nach zwei Jahren aus »rassepolitischen Gründen« wieder entlassen worden.

Bei dem Cousin in Gießen lernte Anna auch Ignatz Mettbach kennen, den sie 1946 heiraten sollte. Dessen Familie war ebenfalls deportiert worden, er selbst war im KZ Buchenwald gewesen. Ignatz Mettbach verstarb 1979 an den Spätfolgen seiner Haft. Bis es nicht mehr ging, hatte er Möbel verkauft und Anna mit Damentextilien gehandelt. »Ich bin noch mit 76 über Land gefahren«, sagte Anna Mettbach. Und habe – gleich ihrem Mann – Anfeindungen erlebt. »Einmal hat einer aus dem Fenster gerufen: Ich habe im Krieg mein Bein verloren – warum hat der Hitler euch nicht vergast?«

Und als das Familiengrab der Mettbachs in Gießen geschändet wurde, habe sie beschlossen, nicht mehr über ihre Herkunft zu berichten. Es war schon schwer erträglich gewesen, als sie in Gießen auf dem Einwohnermeldeamt nach ihrem letzten Wohnort gefragt worden war und wahrheitsgemäß »Dachau« geantwortet hatte. »Und davor Ravensbrück, und noch davor Auschwitz«. Da habe der Beamte gelacht und gesagt: »Nun übertreib mal nicht. Noch haben wir nicht Fasching.«

Erst als nach der sogenannten Wiedervereinigung Asylbewerberheime brannten und der rechte Mob Jagd auf Ausländer und anders Ausschauende machte, habe sie – inzwischen auf die achtzig zugehend – beschlossen, ihr Schweigen zu beenden. Als in Mölln im November 1992 »wieder Menschen verbrannt wurden, war es meine Pflicht, vor jungen Menschen zu sprechen«.

Anna Mettbach (l.) zu Besuch bei Eva Rupp, 2001

Seither war sie an Schulen unterwegs, hielt Vorträge an Universitäten und, wie jetzt hier, in Rathäusern. Ich lud sie an jenem Abend an die Humboldtschule in Bad Homburg ein, an dem ich unterrichtete. Und sie kam. Und erzählte und wurde anschließend von den Schülern mit Fragen bestürmt, die sie bereitwillig beantwortete.

Erst in ihren letzten Lebensjahren, als Anna schon sehr krank war, wurden ihr öffentliche Ehrung und Anerkennung zuteil. Anfang 2012 lud sie Bundespräsident Wulff zum Neujahrsempfang ins Schloss Bellevue und würdigte die 85-Jährige für ihr Engagement als Zeitzeugin. Erst dreißig zuvor hatte Helmut Schmidt als erster Bundeskanzler den Völkermord aus rassistischen Gründen an Sinti und Roma auch so bezeichnet, nachdem bis dahin dieses Thema verschwiegen worden war. 37 Jahre seit Kriegesende …

Anna Mettbach war eine von achtzig Bundesbürgern, die auf Vorschlag der Kanzleien der Bundesländer am Bundespräsidenten vorbeidefilieren durften. Mit dem Rollator und dem Sauerstoffgerät, das vernehmlich seine Tätigkeit verrichtete, fiel das sichtlich schwer, aber es verhalf dem Ehepaar Wulff zu einem beachtlichen medialen Auftritt: Sie stützten die erkennbar hinfällige Dame und führten sie bis zur Mitte des Saales. Die Kameras klickten dazu.

Anna Mettbach war mit ihrem langjährigen Begleiter Helmut Römer per Bahn angereist. Und beklagte sich über die Hektik auf den Bahnhöfen. Sie habe das schwer nur ertragen. »In Auschwitz musste es auch immer ganz schnell gehen. Die SS hat immer geschrien und uns angetrieben. Seitdem macht Stress mich krank.«

Mir gegenüber erheiterte sie sich später über die sogenannte Vorbesprechung am Vorabend. Alle achtzig Gäste mussten sich ins Bellevue begeben, und nach einer Führung durch die Prunksäle folgten

„Der Bundespräsident hat sich fast vor mir verneigt"

Sintezza Anna Mettbach zu Gast bei Neujahrsempfang in Schloss Bellevue – „Froh, dass ich hingefahren bin" – Viel Beachtung für Holocaust-Überlebende

Von Heidrun Helwig

BERLIN. Keine Diskussion: Der Rollator bleibt draußen. Wenngleich die alte Dame ohne die sperrige Gehhilfe nur langsam vorankommt. Aber das nimmt sie in Kauf. Natürlich verschwindet auch das Sauerstoffgerät. Denn selbst die tragbare Variante hat einiges Gewicht und macht obendrein permanent Geräusche. Den Arm eines Mitarbeiters des Präsidenten indes schlägt Anna Mettbach nicht aus. Behutsam geleitet und tastend betritt die 85-Jährige den Langhans-Saal. Klein, zierlich und voller Würde. Es ist der wohl anrührendste Moment beim Neujahrsempfang in Schloss Bellevue, als Christian Wulff der Sintezza entgegenkommt, sie stützt und die wenigen Schritte bis zur Mitte des Raumes führt.

Sofort wird hinter der Absperrung das Klicken der Fotoapparate lauter, das Drängeln der Kameraleute energischer. Vor allem, als der Bundespräsident und seine Frau Bettina dann Anna Mettbach noch bis zum Nebenraum begleiten und erst an der weit geöffneten Flügeltür

Beeindruckende Persönlichkeit: Bundespräsident Christian Wulff und seine Frau Bettina stützen Anna Mettbach. Foto: Basay

macht der Bundespräsident nebenan 15 Minuten Pause. Bislang ist das Defilee reibungslos verlaufen. Auch wenn die

ist die Bedeutung des Defilees. Der Rollator dient ihr dabei nur als Sitzgelegenheit und das Sauerstoffgerät pumpt bei je-

zwei Koffern eine logistische Herausforderung. Zumal die Sintezza beim Ein- und Aussteigen Hilfe benötigt. Schon

bach veranlasst haben, öffentlich aufzutreten. Dabei hat sie sich stets für die Lebensgeschichten anderer Menschen interessiert. Und ist noch immer neugierig. Das wird am Abend vor dem Neujahrsempfang nur zu deutlich. Denn alle 80 Gäste werden zu einer „Vorbesprechung" ins Schloss Bellevue gebeten. Nach einer Führung durch die Prunksäle stehen zahlreiche Erläuterungen zum Ablauf des Defilees auf dem Programm. Während eine Mitarbeiterin und ein Mitarbeiter dabei Bundespräsident und Gemahlin „spielen", plaudert die Gießenerin bereits mit anderen Gästen. Und natürlich wird gescherzt, denn für alle ist der protokollarische Ablauf ungewohnt. Die Hinweise nehmen jedoch die Angst vor dem Auftritt am nächsten Morgen. „Ihn müssen wir mit Herr Bundespräsident ansprechen und sie mit Frau Wulff", wiederholt Anna Mettbach nochmals vor der Abfahrt. „Und wir sollen ihm in die Augen schauen." Auch die Position beim „Fotoshooting" der Journalisten wird ausprobiert.

„Gottes Segen gewünscht"

„Das hat mir schon etwas die Aufregung genommen", schildert sie anschließend. Nervös aber ist sie dennoch, als sie den Langhans-Saal betritt. Aber an die Worte des Bundespräsidenten erinnert sie sich noch Stunden später. „Er hat sich gefreut, dass ich seine Einladung angenom-

Zum Neujahrsempfang beim Bundespräsidenten und seiner Frau in Berlin, 2012

zahlreiche Erläuterungen zum Ablauf des Programms. Dabei spielten eine Mitarbeiterin und ein Mitarbeiter den Bundespräsidenten und dessen Gemahlin. Wir sollten ihn mit »Herr Bundespräsident« ansprechen und sie mit »Frau Wulff« und dabei ihnen in die Augen schauen. Und anschließend gab's ein Mittagessen im Großen Saal.

Nicht ganz so höfisch ging es im August 2012 zu, als ihr Hessens Ministerpräsident Volker Bouffier die Verdienstmedaille des Verdienstordens der Bundesrepublik Deutschland überreichte. Während der Feierstunde in Wiesbaden referierte Bouffier: »Mit Ihren zahlreichen Gesprächen mit jungen Menschen leisten Sie einen wichtigen Beitrag zur Aufklärung der Verfolgungsgeschichte der Sinti und Roma während der Zeit des Nationalsozialismus. Sie tragen

Mit „einer inneren Kraft, die faszinierend ist", engagiert

Ministerpräsident Volker Bouffier überreicht Bundesverdienstkreuz an Anna Mettbach

GIESSEN/WIESBADEN (hh). Und dann ist auch Anna Mettbach gerührt. Deshalb fällt ihr das Reden auch noch ein wenig schwerer als ohnehin schon. Ihre Dankesworte aber möchte sie auf jeden Fall noch loswerden. „Wir Sinti und Roma standen immer vor der Tür. Für uns wurde nie eine Tür aufgemacht", stellt die zierliche grauhaarige Dame fest. Und fügt hinzu: „Doch Sie haben heute die Tür aufgemacht." Damit dankte sie Ministerpräsident Volker Bouffier für die Überreichung des Bundesverdienstkreuzes. Verliehen wiederum wurde die „Verdienstmedaille des Verdienstordens der Bundesrepublik Deutschland" – so die offizielle Bezeichnung – von Bundespräsident Joachim Gauck.

„Ich hätte das nie erwartet", freut sich

Große kleine Dame: Ministerpräsident Volker Bouffier überreicht Anna Mettbach die ehrenvolle Auszeichnung, und der Landesvorsitzende der Sinti und Roma Adam Strauß gratuliert mit einem Blumenstrauß. Foto: Blat

Nach dem Bundespräsidenten darf auch Hessens Ministerpräsident Bouffier Anna Mettbach würdigen

dazu bei, unsere Geschichte lebendig zu halten und Lehren für unsere Gegenwart und Zukunft zu ziehen. Denn Sie berichten als Zeitzeugin von Ihren Erfahrungen und dem Leidensweg der Sinti und Roma im nationalsozialistischen Deutschland.«

Lehren für unsere Gegenwart und Zukunft?

Anna Mettbach saß in meiner Küche und verdrehte die Augen. »Schön wär's!«

Noch im gleichen Monat ehrte sie die Universitätsstadt Gießen mit der höchsten lokalen Auszeichnung, die Hedwig-Burgheim-Medaille. Hedwig Burgheim kam aus Leipzig, arbeitete zunächst als Pädagogin in Grünheide in der Mark Brandenburg und leitete von 1920 bis 1933 das Fröbel-Seminar in Gießen. Sie wurde als Jüdin von den Nazis aus der Stadt vertrieben, ging zurück nach Leipzig, unterrichtete dort und bemühte sich – vergeblich – um ein US-Visum. Hedwig Burgheim wurde im Februar 1943 von der Gestapo verhaftet, danach in ein Berliner Sammellager deportiert und von dort aus am 26. Februar 1943 mit dem 30. Osttransport in das KZ Auschwitz gebracht, wo sie am nächsten Tag – sofort nach ihrer Ankunft – ermordet wurde.

Die Stadt Gießen stiftete 1981 eine nach der jüdischen Pädagogin benannte Medaille, mit der alle zwei Jahre Persönlichkeiten gewürdigt werden, die sich um Verständigung und Aussöhnung zwischen den Menschen verdient gemacht haben

Die Oberbürgermeisterin erwähnte in ihrer Laudatio, dass Anna Mettbachs Verdienst auch darin bestehe, »dass wir in diesem Jahr zum ersten Mal der deportierten Sinti aus Gießen gedacht haben und

Anna Mettbach und Eva Ruppert mit Hund

den Opfern damit ein Stück Heimat zurückgeben konnten«.

Natürlich erfüllte Anna es mit Genugtuung, im Netanya-Saal des Alten Schlosses in Gießen mit diesen Worten gewürdigt zu werden. Aber sie ignorierte bei aller Wertschätzung nicht, wie die Stimmung im Lande war, die Ressentiments, die ihr in den zurückliegenden Jahren entgegengebracht wurden, waren nicht vergessen. Doch sie überließ es dem Vertreter des Landesverbandes Hessen der Deutschen Sinti und Roma in seiner Laudatio darauf zu verweisen, dass »auch heute noch nicht immer Sinti und Roma als gleichberechtigter Teil der Gesellschaft wahrgenommen« werden.

Anna versicherte den Anwesenden: »Ich spreche für diejenigen, die keine Stimme mehr haben. Und ich werde nicht aufhören zu sprechen, solange ich noch Atem dafür habe.«

Und in der Stille vernahm man das Pumpen des Sauerstoffgerätes.

Anna Mettbach verstummte am 23. November 2015 für immer.

Oft besuchten wir uns gegenseitig, und als es ihr zu beschwerlich wurde, fuhr ich zu ihr nach Gießen. Nie fuhr ich ohne ein kleines Geschenk nach Hause. Nach all den Schrecken, die sie in den verschiedenen Lagern erlebt hatte, war sie keineswegs verbittert. Sie konnte ansteckend lachen, selbst wenn es ihr schlecht ging. Und wenn wir uns verabschiedeten oder das Telefonat beendeten, sagte sie stets: »Pass gut auf dich auf« und: »Ich drück dich ganz fest«.

Am 17. Mai 2008 führte ich folgendes Gespräch in Gießen mit ihr:

Kannst du kurz die Situation deiner Familie vor der Nazizeit schildern?

1933 lebten wir, die Familie Kreuz, im Pfaffengrund in Heidelberg. Meine Eltern konnten ihren Geschäften nachgehen, mein Vater war Korbflechter und Pferdehändler, meine Mutter verkaufte die Körbe, die mein Vater herstellte. Wir hatten einen festen Wohnsitz, im Frühjahr waren wir mit dem Wohnwagen unterwegs, der von zwei Pferden gezogen wurde. Später kaufte mein Vater einen Opel.

Die ganze Familie war immer dabei, denn die Kinder konnte man nicht allein lassen. Meine älteren Geschwister gingen zur Schule, wo wir gerade waren.

Dem Lehrer musste ein Buch vorgelegt werden, in das er unseren Schulbesuch notierte. Wenn der Lehrer keine Lust hatte, schrieb er: Wegen Platzmangels sei es nicht möglich, die Kinder am Unterricht teilnehmen zu lassen. Andere Lehrer luden die Kinder ein, manchmal für vier oder fünf Tage. Fragen wurden nicht gestellt. Am Ende wurde im Buch eingetragen, wie viele Tage die Kinder am Unterricht teilgenommen hatten. Das Buch war wichtig, wenn Landjäger kamen und kontrollierten.

Im Winter, wenn wir nicht unterwegs waren, gingen wir regelmäßig zur Schule. Die Lehrer wunderten sich oft, was wir alles konnten. Das meiste haben wir aber nicht in der Schule gelernt, sondern beim Vater, beim »Dadda«. Wir haben auch allerlei Schikanen von Mitschülern erfahren.

Selbstverständlich zahlten meine Eltern Steuern, in Bayern sogar Extrasteuern. Oft wurden wir beschuldigt, Geflügel gestohlen zu haben. Wenn die Polizei kam, ließ uns der Vater die Gänse in unserer eigenen Sprache rufen. (*Die Sprache ist Romanes – E.R.*). Da kamen sie alle, die sich mit den Dorfgänsen vermischt hatten, zu uns zurück. Und mein Vater konnte obendrein beweisen, dass er die Gänse gekauft und bezahlt hatte. Da musste die Polizei abziehen.

Obwohl die Eltern immer nach Recht und Gesetz vorgingen, hat uns manchmal die Polizei wegtransportiert. Diese Vertreibung nannte man »Schub«. Von Bayern nach Hessen, von Hessen wieder nach Bayern, dann waren wir manchmal wochenlang unterwegs. Der Verdienst litt sehr unter dem Schub.

Meine Mutter sagte: »Armut schändet nicht, solange man Wasser und Seife hat, denn Sauberkeit ist das halbe Leben.«

Obwohl dieses Leben manchmal mühsam war, war diese Zeit die schönste meines Lebens.

Wie ging es weiter nach 1933?

Ein Freund warnte unsere Familie. Er sagte zum »Dadda«: »Weißt du, Josef, dieses Hakenkreuz wird einmal unser Grabkreuz sein.« Meine Eltern waren sehr erschrocken, als er das sagte. Wir verkauften unser Haus in der Stadt, das Geld bekamen wir nur in Raten, die letzten Raten bekamen wir nicht mehr. Wir mussten einen neuen Wohnort angeben. Die Möbel hatten wir nach Karlsruhe an den Bahnhof aufgegeben. Dort müssten sie heute noch stehen!

Wir wollten eigentlich nach Frankreich, kamen aber nur bis ins Saargebiet. Im Mai 1940 wurde die

Anna Mettbach, bereits mit Sauerstoffversorgung

Verwandtschaft meiner Mutter verhaftet und nach Polen zur Zwangsarbeit deportiert. Mein Vater wurde zur Wehrmacht eingezogen, deshalb wurde die Familie zunächst nicht verfolgt. Mein Großvater und andere Verwandte hatten im Ersten Weltkrieg gekämpft, sie fühlten sich als »gute Deutsche«.

1942 fuhr ich zu meinem schwerkranken Onkel nach Heidenheim im Badischen. Dabei wurde ich verhaftet. Mit 16 Jahren wurde ich zum Häftling, weil ich meinen Wohnort verlassen hatte. Zur Strafe wurde ich ohne jede Gerichtsverhandlung in das Vernichtungslager Auschwitz deportiert.

Schon 1933 waren die ersten Sinti von der Straße weg verhaftet worden. 1940 wurden über zweitausend Familien nach Polen deportiert.

Wie war die Situation nach dem Krieg?

Unmenschlich. Ich hatte in Dachau einen Entlassungsschein bekommen. Auch später noch wurden wir Sinti und Roma von der Kriminalpolizei erfasst. Trotz meines Entlassungsscheins hieß es da: »Oben Genannte gibt an …« und »Die KZ-Nummer von Auschwitz kann sich jeder draufmachen«. Ohne den Zentralrat der Sinti und Roma hätte keiner von uns eine Entschädigung erhalten. Schließlich bekam ich 5 DM für jeden Tag Auschwitz, das waren insgesamt 150 DM. Für meine Rente musste ich jahrelang mit meinem Rechtsanwalt kämpfen.

Wie und wo habt ihr nach dem Krieg gelebt?

Wir haben in Gießen in Trümmern gelebt. 1953 wurde mir und meinem Mann eine Wohnung zugewiesen ohne Wasser und Strom. Ein Nazi, der in diesem Haus wohnte, machte uns das Leben schwer. Erst 1966 erhielten wir eine Wohnung in Gießen. Beim Wohnungsamt war ich nach einem persönlichen Schreiben an den OB mit folgenden Worten abgefertigt worden: »Wenn der Bürgermeister eine Wohnung hat, soll er euch eine geben!«

Was hat der Zentralrat in Heidelberg für die Sinti und Roma erreicht?

Sehr viel. Ohne ihn hätte es für die Deportierten kein Zwangsarbeitergeld, keine Entschädigung gegeben. Der Zentralrat wurde nach dem Hungerstreik in Dachau 1980 gegründet. Immer wieder wurde der Vorsitzende Romani Rose gedemütigt.

Was kannst du zu dem geplanten Mahnmal für Sinti und Roma in Berlin sagen?

In Wiesbaden gibt es ein sehr schönes Mahnmal. Bevor ich das Mahnmal in Berlin nicht mit eigenen Augen sehe, glaube ich nicht daran. Es ist bekannt, dass Sinti und Roma immer gute Steinmetze waren und noch sind. (*Das Denkmal wurde nach rund 20 Jahren Planung und Diskussion im Oktober 2012 feierlich eingeweiht. Entworfen wurde es von dem israelischen Künstler Dani Karaan – E.R.*)

Wird die Verfolgung der Sinti und Roma in der NS-Zeit heute zum Thema an Schulen gemacht?

Als ich noch in Schulen gehen konnte – ich bin in vielen gewesen –, stellte ich fest, dass die Schüler wenig bis nichts über uns wussten, es sei denn, ein

Das Denkmal für die von den Faschisten ermordeten Sinti und Roma Europas in Berlin-Tiergarten

Lehrer oder eine Lehrerin hätte sie informiert. In den Lehrplänen oder den Schulbüchern steht jedenfalls, soviel ich weiß, nichts über uns.

Gibt es oder gab es eine Zusammenarbeit zwischen jüdischen Opfern und Opfern der Sinti und Roma?

Es gab Hermann Langbein, der erzählt hat, wie es im Zigeunerlager Auschwitz-Birkenau aussah, Simon Wiesenthal hat viel getan in dieser Hinsicht, auch der ehemalige Vorsitzende des Zentralrats der Juden, Heinz Galinski hat sich eingesetzt.

Wie wichtig sind für dich heute Zeitzeugen?

Schüler sagen immer wieder: Wenn man Zeitzeugen gehört hat, erlebt man eine Gedenkstätte mit anderen Augen.

Wie siehst du die heutige Situation der Sinti und Roma in Deutschland?

Heute wird die Geschichte umgedreht: Die Häftlinge seien auf den Todesmärschen »beschützt« worden. Auf unserem Todesmarsch hatte die SS den Häftlingen rote Kreuze auf den Rücken gemalt, damit die Aufpasser als unsere »Beschützer« vor Tieffliegern geschützt waren.

Nach dem Krieg wurden Antifaschisten als »Vaterlandsverräter« beschimpft. Der Kniefall Willy Brandts wurde von vielen Deutschen nicht gern gesehen. Keiner von denen, die die Morde an Sinti und Roma begangen haben, wurde jemals verurteilt. Und so wird es auch bleiben. Ein Staat, der Völkermord begangen hat, müsste jede Wurzel des Nationalsozialismus ausrotten. Warum sitzen NPD-Abgeordnete heute in Landtagen? Warum ist die NPD nicht längst verboten? Neue Nazis machen sich breit, dürfen mit Polizeischutz marschieren und ihre rassistische Musik vor Schulen verbreiten. Seitdem kommt kein Sinto mehr in die Schule.

Welches ist dein Vermächtnis für die Zukunft, vor allem für die junge Generation?

Seid besser als eure Vorfahren! Unterscheidet, was Recht und Unrecht ist und sorgt für Gleichheit aller Menschen! Keiner hat das Recht, andere umzubringen, aber jeder hat das Recht zu leben. Kämpft gegen Fremdenfeindlichkeit und Rassismus!

Hildegard Lagrenne

Sie war die erste Zeitzeugin der Sinti und Roma, die ich in den achtziger Jahren in die Humboldtschule als Porajmos-Überlebende eingeladen hatte. Das Romanes-Wort *Porajmos* bedeutet auf Deutsch »Das Verschlingen« und bezeichnet den Völkermord an den europäischen Roma. Er bildete den Höhepunkt der jahrhundertelangen Geschichte von Diskriminierung und Verfolgung. »Zigeuner« waren Opfer eines ethnischen wie eines sozialen Rassismus.

Seit Februar 1943 wurde eine Mehrheit der im Deutschen Reich lebenden Roma in das eigens errichtete *Zigeunerlager Auschwitz* deportiert. Weitere Roma wurden aus den besetzten westeuropäischen Gebieten dorthin verschleppt. Nur eine Minderheit überlebte.

Außerhalb der Reichweite systematischer Erfassung, etwa in den von Deutschland okkupierten Territorien in Ost- und in Südosteuropa, waren vor allem Roma bedroht, die nach deutschem Urteil »vagabundierten«, aber oft tatsächlich Flüchtlinge oder Vertriebene waren. Dort fielen die Angehörigen der Minderheit vor allem Massakern deutscher militärischer und polizeilicher Formationen sowie den SS-Einsatzgruppen zum Opfer.

Die Vernichtung setzte kurz nach dem faschistischen Überfall auf Polen ein. Am 21. September 1939 berief Reinhard Heydrich vom Reichssicherheitshauptamt eine Konferenz ein, auf der auch die Deportation der restlichen »30.000 Zigeuner nach Polen« beschlossen wurde.

Und nach dem Beginn des Eroberungs- und Vernichtungskrieges gegen die Sowjetunion setzte parallel die systematische Verfolgung von Juden, Sinti und Roma ein. Himmler kündigte im September 1941 an, dass das »Altreich« und das »Protektorat« »vom Westen nach dem Osten von Juden geleert und befreit« würden. Analog dazu sollte das Deutsche Reich »zigeunerfrei« gemacht werden.

Seit Mitte Oktober 1941 wurden 20.000 westeuropäische Juden in das Ghetto Litzmannstadt (Łódź) verschleppt. Zwischen dem 5. und 9. November 1941 trafen in Viehwaggons aus den Reichsgauen Niederdonau und Steiermark auch 5.007 Roma ein, fast alle von ihnen zählten zur Gruppe der Burgenland-Roma, mehr als die Hälfte von ihnen waren Kinder. Sie wurden in einem durch doppelten Stacheldrahtzaun abgetrennten Ghettobereich untergebracht, wo sich bald Flecktyphus ausbreitete. Mehrere Tausend, die bis dahin das Ghetto überlebt hatten, wurden im Januar 1942 in Gaswagen in dem Vernichtungslager Kulmhof (Chelmno) erstickt. Keiner der nach Łódź deportierten Roma überlebte.

Das im November 1941 zurückgelassene Eigentum der Roma wurde durch die Behörden konfisziert und an die regionale Bevölkerung veräußert, nachdem es zuvor zu spontanen Plünderungen durch die »Volksgemeinschaft« gekommen war.

Die Massenverbrechen an der Minderheit der Roma, des Porajmos, ist als Genozid mit der Shoa gleichzusetzen, der Begriff »Holocaust« ist darum durchaus auch hier angemessen.

Der Umgang mit den Taten, Tätern und Opfern des Porajmos war in der Bundesrepublik lange Zeit von Ignoranz und Verdrängung geprägt. Die überlebenden Opfer landeten häufig in Barackenlagern, die an den gleichen Orten standen wie die Lager, in denen sie in der Nazidiktatur interniert worden waren. Ihr Bemühen um Strafverfolgung der Täter, so etwa das Aufspüren von Robert Ritter und eine Strafanzeige gegen ihn, blieben lange ohne jeden Erfolg. (Der Psychiater Ritter leitete die Rassenhygienische Forschungsstelle und war als sogenannter Zigeunerforscher der bekannteste Schreibtischtäter des Porajmos. Er praktizierte nach 1945 als Obermedizinalrat in Frankfurt am Main und verstarb 1951 in Oberursel.)

Robert Ritter (r.) war als Leiter der »Rassehygienischen Forschungsstelle« (RHF) der schrecklichste Schreibtischtäter des Porajmos. Er blieb nach 1945 ohne Strafe. Hier bei der »Erfassung von Zigeunern«

Wenn Täter des Porajmos verurteilt wurden, dann meist wegen Taten, die sie an anderen Opfern begangen hatten. Bei den Nürnberger Prozessen abgeurteilte Medizinverbrechen, zu deren Aufklärung Sinti, an denen diese Verbrechen begangen wurden, durch Zeugenaussagen beigetragen hatten, wurden zwar öffentlich rezipiert, die Zugehörigkeit der Zeugen zur Opfergruppe der »Zigeuner« blieb aber ungenannt.

Ein Teil der Nazitäter besetzte in der westdeutschen Polizei Posten, die wiederum Roma überwachten und die ihnen nebenbei ermöglichte, eine Wiedergutmachung weitgehend auszuhebeln. Bei der Wiedergutmachung wurde außerdem 1956 höchstrichterlich die rassische Verfolgung für die Zeit vor dem Auschwitz-Erlass 1942 verneint.

Erst Anfang der 1980er Jahre mit der erstarkenden Bürgerrechtsbewegung der Roma, besonders in der Bundesrepublik Deutschland, änderte sich die Situation. In der medialen Öffentlichkeit wurde der Porajmos zunächst unter dem Begriff Völkermord an Sinti und Roma bekannt, erst 1982 erklärte die Bundesregierung unter Helmut Schmidt, dass die Verbrechen als Völkermord anzusehen sind.

Hildegard Lagrenne lernte ich zu Beginn der achtziger Jahre kennen, sie war damals als Mitarbeiterin beim Zentralrat Deutscher Sinti und Roma und im Dokumentationszentrum Heidelberg tätig. Sie gehörte zu den namhaften Köpfen jener Bürgerrechtsbewegung, die das Thema in die Öffentlichkeit trug. Sie war damals bereits in den sechziger Jahren, als ich

Hildegard Lagrenne bei einen ihrer vielen Auftritte vor Schülern, Screenshot aus einer der äußerst seltenen Videoaufzeichnungen

sie an die Humboldtschule nach Bad Homburg einlud. Sie kam sofort. Aber nicht als Funktionärin der von ihr vertretenen Institutionen, sondern als Zeitzeugin, die aus ihrem Leben erzählte.

Mit 19 Jahren war sie mit ihrer Familie deportiert worden. In den heutigen Darstellungen heißt es oft: in die Lager in Polen. Das ist insofern nicht korrekt, als missverständlich angenommen werden könnte, es handelte sich um *polnische Lager*. Es waren Konzentrations- und Vernichtungslager, die die deutschen Faschisten auf okkupierten Territorien und möglichst weit weg vom Reich errichten ließen.

Nach der Befreiung von Auschwitz ließen sich Hildegard und die Überlebenden ihrer Familie in Mannheim nieder. Hildegard Lagrenne wurde 2007 auf dem Hauptfriedhof beigesetzt. Der Gemeinderat

Hildegard Lagrenne, 1921-2007, gehörte zu den Überlebenden des Porajmos und wurde nicht müde, über den Genozid an ihrem Volk zu berichten. Eine Stiftung mit ihrem Namen ist in diesem Sinne tätig

entschloss sich acht Jahre nach ihrem Tod – unter Hinweis auf ihre persönlichen Verdienste für die deutschen Sinti und Roma –, das Grab zu einem »Ehrengrab« zu machen. »Hildegard Lagrenne hat über Jahrzehnte gegen das Vergessen, für die emotionale und intellektuelle Aufarbeitung der NS-Zeit sowie als Vorbild für Versöhnung gewirkt«, hieß es zur Begründung. In ihrem Engagement streckte sie immer die Hand zur Versöhnung aus und folgte dem Motto »Verzeihen ja, vergessen niemals«.

1983 erschien ihr Buch »Da wollten wir frei sein«. Es war damals das erste Buch, das junge Menschen in Form von *Oral History*, von erzählter Geschichte über das Schicksal und Leben deutscher Sinti informierte, über die Verfolgung in der Nazizeit, über die bitteren Jahre in den Konzentrationslagern und die unterlassene Wiedergutmachung in der Bundesrepublik.

Hildegard erzählte auch von den Problemen der Nachkriegsgeneration bis hin zum Aufbegehren und den ersten Erfolgen der Bürgerrechtler, die es erreichten, dass der Völkermord an ihrer Ethnie endlich – mit 40-jähriger Verspätung – von den Regierenden offiziell anerkannt wurde.

Der Schriftsteller Wolfdietrich Schnurre schrieb über Hildegards Buch in der *Zeit*: »Hier berichten Vertreter von vier Sinti-Generationen vom Kaiserreich bis heute, wie sie in diesem ihren Deutschland gelebt haben, wie sie diffamiert und verfolgt, geschunden und befreit und abermals diffamiert worden sind … Hier wird mit einer Vehemenz und Anteilnahme erzählt, die Kopf und Herz gleichermaßen beanspruchen, da Erinnerungsvermögen und Herzlichkeit der Erzählenden Ansprüche stellen, die unemotional gar nicht auslotbar sind. Man wird hier nicht nur betroffen, man muss betroffen werden bei der Lektüre dieses Buches. Ein Buch für Kain, um Abel kennenzulernen.«

Das Buch »Da wollten wir frei sein!«, 1983 mit dem Gustav-Heinemann-Friedenspreis ausgezeichnet, erlebte mehrere Auflagen, die letzte erschien 2015, acht Jahre nach Hildegards Tod.

Eindrucksvoll schilderte sie meinen Schülern eine Begegnung auf dem Einwohnermeldeamt in Mannheim. Hinter dem Schalter saß ein Mann, der im Lager einer ihrer Peiniger war. Dort war er Menschenbearbeiter, jetzt Sachbearbeiter. Und was machte Hildegard? Sie zückte ihren Regenschirm und verpasste dem Mann einen heftigen Schlag. Sie hoffte darauf, dass die Justiz auf den Plan treten und die Staatsanwaltschaft ermitteln müsste, denn Selbstjustiz gilt im Rechtsstaat als nicht zulässig. Allerdings, und das wusste der einstige KZ-Wächter, erstattete er Anzeige, käme auch seine frühere Tätigkeit zur Sprache. Also unternahm er nichts und blieb ungeschoren.

Die Schülerinnen und Schüler waren sehr beeindruckt von Hildegard Lagrenne, sie wollen viel von ihr wissen. Über den Holocaust der europäischen Juden hatten sie im Geschichts- und Religionsunterricht einiges erfahren, nicht aber über das Schicksal der Sinti und Roma während der Nazizeit. Und auch nicht, was nach Nazizeit mit den Opfern geschah.

Hildegard Lagrenne zitierte aus diversen Quellen, erinnerte an Robert Ritter, den »Zigeunerforscher, der bis zu seinem Tode 1951 ungehindert in Oberursel praktizieren konnte, und an dessen Stellvertreterin in der »Rassenhygienischen und Bevölkerungsbiologischen Forschungsstelle im Reichsgesundheitsamt« (RHF) Eva Justin. Ritter und Justin lebten seit 1943 in Fürstenberg/Havel – und waren im Frauen-KZ Ravensbrück und dem Jugendschutzlager Moringen für die »Begutachtung von Jugendlichen« zuständig.

Eva Justin bekam 1948 eine Anstellung als Kinderpsychologin beim Gesundheitsamt Frankfurt am Main. 1958 ermittelte die Frankfurter Staatsanwaltschaft unter der personellen Zuständigkeit des hessischen Generalstaatsanwalts Fritz Bauer gegen Justin. Das Verfahren sollte »die nationalsozialistischen Vernichtungsmaßnahmen gegen Zigeuner aufklären«. Allerdings stellte die Staatsanwaltschaft 1960 das Verfahren gegen Justin ein. Es bestand kein Zweifel, dass die von Eva Justin angefertigten »Rassenhygiene-Gutachten« über Roma die Grundlage für deren Deportation nach Auschwitz und anschließende Ermordung gewesen waren. Aber es habe nicht nachgewiesen werden können, dass ihr die Folgen ihres Tuns bewusst gewesen sei. Andere zweifelsfrei bewiesene Handlungen wie die Zwangssterilisationen wurden als verjährt eingestuft. Die westdeutsche Justiz setzte immer auf den Nachweis der konkreten Einzeltat – nicht auf die Zugehörigkeit zu einer in Nürnberg als verbrecherisch erklärten Organisation, wie es die DDR tat. So kamen im Westen die meisten Naziverbrecher davon.

Aber immerhin führte das Verfahren zur Entlassung von Justin aus dem öffentlichen Dienst. Sie verstarb 1966 an Krebs.

Und Hildegard Lagrenne erwähnte bei ihrem Vortrag an meiner Schule Hermann Arnold, ebenfalls ein sogenannter Rassehygieniker, der 1965 das Buch »Die Zigeuner: Herkunft und Leben im deutschen Sprachgebiet« herausgebracht hatte. Über 60 Prozent der Fotos, die er dort verwandte, stammten aus dem Bestand von Ritters und Justins Rassehygieneamt, den er als »Archiv des Autors« verschleierte. Eine Verbindung zwischen Arnold und Ritter konnte man nie beweisen, aber das es sie gegeben haben musste, bewiesen diese Fotos.

Arnold war ein Militärarzt, der zu chemischen Waffen forschte. Nach dem Krieg arbeitete er als Leiter des Gesundheitsamtes der Stadt Landau/Pfalz. 1971 berief ihn die Universität Saarbrücken zum Außerplanmäßigen Professor für Sozialhygiene. Bis zu seinem Tod 2005 galt er als »Zigeunerexperte«, dessen »Rat« wiederholt selbst das Bundesinnenministerium einholte. Allerdings versagte es Arnold 1961 die Mittel für ein Forschungsprojekt, bei dem »indische Wandervölker, Buschmänner und Zigeuner sowie deren ›Bastarde‹ (hybrid groups) in ihrem sozialen Verhalten« verglichen werden sollten, um Spekulationen von gemeinsamen Erbcharakteristika nachzugehen …

Zu den rassistischen Papieren, die Hildegard Lagrenne den Schülern nannte, gehörte auch die von 1953 bis 1970 in Bayern geltende »Landfahrerordnung«. Diese Regelung sollte Menschen mit nomadischer Lebensweise den örtlichen Aufenthalt vergraulen. Die bayerischen Politiker vermieden das Wort »Zigeuner«, um das Verbot einer Diskriminierung nach Art. 3 Abs. 3 Grundgesetz zu unterlaufen. Die Rede war von »Landfahrerfamilien« oder »Landfahrerhorden«, deren Überwachung die Politiker der Polizei übertrugen. In den Ausführungsbestimmungen des bayerischen Innenministeriums wurde die Landfahrereigenschaft folgendermaßen definiert, sagte Lagrenne und zückte ein Blatt: »Für die Feststellung der Landfahrereigenschaft ist die nomadisierende Lebensweise entscheidend, die sich darin äußert, dass eine Person ohne festen Wohnsitz oder trotz eigenen Wohnsitzes nicht nur vorübergehend nach Zigeunerart unstet im Lande umherzieht.«

In anderen Bundesländern wurde die bayerische Gesetzgebung zwar als vorbildlich empfunden, nicht aber übernommen. Eine bundeseinheitliche Vorgehensweise gab es nicht. In der Ausbildung im besonderen Polizeirecht im Hessischen Landeskriminalamt

Protestaktion der Bürgerrechtsbewegung der Sinti und Roma vor dem Bundeskriminalamt in Wiesbaden, 1983. Vorn Romani Rose

Eingang zum Mahnmal für die ermordeten Sinti und Roma, im Hintergrund der Bundestag

standen 1966 für einen Vortrag zum Thema »Landfahrer« folgende Quellen zur Verfügung: das Buch »Die Zigeuner« des Rassehygienikers Dr. Hermann Arnold, das »Merkblatt zur Bekämpfung krimineller Landfahrer« in Hessen von 1957 und 1966, das »Gesetz zur Bekämpfung des Zigeunerunwesens« vom 3. April 1929 und »Unterlagen und Informationen der Landfahrerstelle beim Hessischen Kriminalamt«.

Ein Kriminalobermeister Hans Bodlée, Leiter einer Sonderkommission in Düsseldorf, schrieb im Dezember 1962 in der Polizeizeitung *Kriminalstatistik* über die Ergebnisse seiner Arbeit in der Sonderkommission: »Bei der zur Beobachtung zur Verfügung stehenden Personengruppe handelte es sich um [...] Zigeunermischlinge mit Elternteilen deutschblütiger, jüdischer, aber auch kombinierter Zusammensetzung, letztlich also Mischvolk aus drei Blutstämmen, bei denen – biologisch unvorstellbar – ein Konzentrat negativer Erbmasse zu verzeichnen sein dürfte. (Verschlagenheit, Hinterhältigkeit, Brutalität, Trunksucht, Selbstmordneigung usw.)«

Vermeintliche kriminelle Aktivitäten, die den Sinti und Roma vorgeworfen wurden, ließen sich statistisch nicht belegen: 1954 wurden bundesweit 1.743 Sinti und Roma unter 1,1 Millionen Tatverdächtigen festgestellt. In der Summe war damit deren Zahl und Anteil zu gering, als dass die bisherigen Polizeipraktiken aus der Nazizeit hätten weitergetrieben werden können, was man augenscheinlich aber vorhatte. .

In Nordrhein-Westfalen forcierte seit 1954 die Landesregierung die Praxis, Sinti und Roma die deutsche Staatsangehörigkeit abzuerkennen, indem von ihnen ein detaillierter Dokumentennachweis verlangt wurde – mit der Unterstellung, sie seien zu Unrecht im Besitz eines deutschen Reisepasses. Das war den Betroffenen angesichts des Handelns der Nazibehörden zwischen 1933 und 1945 nicht gerade einfach nachzuweisen. Auch in den Entschädigungsämtern und Polizeibehörden griff man durchgehend auf die Expertise von Beamten zurück, die bereits vor 1945 an der Verfolgung und Ermordung von Sinti und Roma beteiligt gewesen waren.

Und?

Einzelne Vertreter des Bundesgerichtshofs distanzierten sich seit 2013 von der gängigen Rechtsprechung der 1950er Jahre, ohne dass bislang Urteile formal revidiert worden sind.

Herbert Ricky Adler

Auf Einladung von *Radio Dreyeckland* (RDL) – eines freien und nichtkommerziellen Radios im Südwesten – berichteten 2002 fünf Überlebende der faschistischen Vernichtungspolitik von ihrer Lebensgeschichte – zuerst Jutta Bergt von ihren Versuchen, nach ihrer Befreiung aus Deutschland zu emigrieren. Der Sinto Herbert Ricky Adler verknüpfte seine Überlebensgeschichte mit einer Anklage der anhaltenden Diskriminierung von Sinti und Roma. Alfred Jachmann, im Frühjahr 2002 verstorben, berichtete anschaulich vom Beginn der Verfolgung im faschistischen Deutschland und bewertete kritisch die deutsche Gesellschaft nach dem Faschismus. Trude Simonsohn legte den Schwerpunkt ihrer Geschichte auf die Verhaftung aus der Mitte ihrer Jugendgruppe und die Zeit in Theresienstadt. Während diese vier Auschwitz und andere Lager überlebten, mussten die Eltern des kleinen Felix Rottberger ihn im Versteck in Dänemark zurücklassen.

Die Beiträge des Freiburger Rundfunksenders wurden 2002 auch unter dem Titel »Wenn wir weg sind, ist alles nur noch Geschichte« als Buch publiziert«.

Mit Herbert Ricky Adler, Jahrgang 1928, geboren in Dortmund, korrespondierte ich. Er war auch Gast unserer Schule in Bad Homburg, daher hier sein Rundfunkvortrag, der auch auf CD verfügbar ist:

Ich wuchs mit sieben Geschwistern auf, mein Vater war bei der Post angestellt und wurde 1938 von Dortmund nach Frankfurt am Main versetzt. Gemeinsam mit meinem Bruder Heinz besuchte ich die Frankensteiner Schule. Wir merkten schon, dass etwas mit den Juden war, dachten aber nicht, dass mit uns etwas Ähnliches passieren könnte. Eines Tages im Frühjahr 1941 musste ich in der Schule nach vorn kommen; alle dachten, ich hätte was gemacht, da ich als Lazivagabundus bekannt war.

Der Lehrer: »Da ist jemand von der Gestapo.«

Bruder Heinz war schon mit anderen von der Gestapo in ein Auto verfrachtet worden; auch die Schwestern und der Vater waren schon abgeholt worden. Die Eltern durften noch Kleider mitnehmen. Aber was ist mit den Instrumenten? Der Vater war auch Musiker und hatte zwei wertvolle Instrumente: eine Klotz-Geige und eine italienische Viola. »Das alles wird Ihnen gebracht«, lautete die Auskunft der Gestapo. Wir hatten eine 5-Zimmer-Wohnung in der Löhergasse 21, komplett eingerichtet. Vater war ein höherer Postbeamter.

Die Fahrt dauert 20 bis 25 Minuten.

Runter vom Lastwagen. Der hält auf einem Platz an der Dieselstraße, so groß wie ein Fußballplatz. Da stehen alte Bauwagen. Der Hauptwachtmeister Himmelheber und der Wachtmeister Maiwald führen die Familie zu einem Wagen, 4,40 m lang und 2,50 m breit, da sollen neun Personen Platz finden. Links und rechts sind kleine Fenster, es gibt drei Stühle und einen Holztisch und einen alten Gussofen, keine Toilette. Da sollen neun Personen unterkommen?

Die Polizei sammelte befehlsgemäß die »Zigeuner« ein

Der Aufseher lacht und weist auf eine Baracke: Da gibt es zwei Löcher mit einem Balken.

Eine Waschgelegenheit gibt es nicht.

Und wo soll man schlafen? An die Wand sind Pritschen genagelt, drei Jungen müssen auf dem Boden schlafen.

Bis Anfang 1943 sind sie dort untergebracht, dann wird das Lager zu klein. Nachts um 4 Uhr wird umgezogen in ein größeres Internierungslager. Die Kinder dürfen nicht mehr in die Schule gehen, man darf das Lager nicht verlassen. Ab 22 Uhr kommen Polizisten mit Hunden.

Nach einiger Zeit werden 10 bis 15 Jungen gebraucht, um einen großen Lastwagen mit Basaltsteinen zu beladen. Auch mein neunjährige Bruder Rolf ist dabei. Beim dritten Aufladen fällt Rolf vom Auto und gerät mit dem rechten Arm in die Schraube, wird noch 400 bis 500 m mitgeschleift und bleibt schwerverletzt liegen. Die ganze Hälfte des Gesichts ist betroffen, auch das Gehirn, der rechte Arm ist drei bis vier Mal gebrochen. Er ist besinnungslos. Frauen, alarmiert durch das Schreien der Kinder, kommen. Die Mutter bricht zusammen. Rolf wird mit der Rettungswache ins Heiliggeist-Krankenhaus gebracht. Der Vater wird benachrichtigt. Erst um 19.30 Uhr kommt der Vater zurück. Rolf ist gestorben. Der Vater, 1,96 groß, ist ein gebrochener Mann, scheint zehn Jahre älter. Er sagt: »Rolf ist jetzt im Himmel.«

Vor seinem Tod hat Rolf noch leise gesprochen, kaum zu verstehen: »Müde bin ich, geh zur Ruh, schließe meine Augen zu.« So ist er eingeschlafen.

1943. Eines Nachts kommen SA und SS: »Alles raus! Aufstellen!«

Die Familie soll das Wenige, was sie hat, mitnehmen. Wieder auf Lastwagen. Richtung Ostbahnhof. Da stehen Viehwaggons, in einem einzigen Wagen werden 60 bis 80 Personen untergebracht. Kein Essen, kein Trinken, keine Toiletten. Der Wagen wird von außen verschlossen. Es geht nach Auschwitz. Erst nach zweieinhalb Tagen gibt es Brot und Wasser.

Wir haben uns vorgestellt: In Auschwitz werden wir angesiedelt. So war es uns gesagt worden. Endlich kommen wir an. Als ich das gesehen habe, habe ich gedacht: vom Fegefeuer in die Hölle!

»Aufstellen!« Mengele (*das ist Josef Mengele, seit Mai 1943 Lagerarzt in Auschwitz Birkenau, der die Selektionen vornimmt – E. R.*) und seine Kumpane bringen uns zu einer Baracke, eine Nummer wird in den Arm tätowiert. Wir kommen ins »Zigeunerlager«, Block 21. Der Block ist vielleicht 120 m lang, drinnen dreietagige Holzbetten. Ein winziges Öfchen in der Mitte.

Das Schlimmste war, wenn wir im Winter raus mussten zum Appell. Die Häftlinge mussten die Lagerstraße bauen, solche Arbeit war der Vater nicht gewohnt, durch Schläge und Misshandlungen starb er nach drei Jahren an Fleckfieber und Bauchtyphus.

Jeden Tag kamen Waggons im Lager an, dann wurde von Mengele sortiert: rechts ins Lager, links ins Gas. Das habe ich zwei Jahre lang täglich gesehen. Dann ging es mit einem Transport ins KZ Sachsenhausen in Oranienburg, von dort nach Buchenwald und schließlich nach Ravensbrück.

Dort habe ich nach einem Jahr meine Schwester wiedergesehen. Sprechen war nicht möglich. Nur mit den Händen konnten wir uns verständigen.

Zwei lange Jahre sah Herbert Ricky Adler Züge in Auschwitz ankommen und wie auf der Rampe gleich entschieden wurde, wer ins Gas gehen musste

Eines Nachts hieß es: »Alles raus! Es geht in ein anderes Lager.« Das war ein Todesmarsch. Es waren etwa drei Dutzend Kinder zwischen zehn und fünfzehn Jahren dabei. Im Wald hörten wir plötzlich die Russen. Das war die BEFREIUNG.

Der sowjetische Kommandant brachte die Kinder in einen großen Raum mit Betten. Die Namen wurden registriert. Wir wurden in Gruppen mit dem Roten Kreuz zum Bahnhof transportiert.

So kamen wir nach Frankfurt am Main. Unser Haus in Frankfurt-Sachsenhausen war ausgebombt. Aber ich hatte einen Onkel in der Fahrgasse, Valentin Adler. Der Onkel, dessen beide Söhne bei der Wehrmacht waren, hatte Platz und nahm mich auf. Der Onkel wohnte inzwischen in Wächtersbach,

Es hat drei Jahre gedauert, bis ich zur Ruhe kam.

Fast die ganze Familie war in Auschwitz umgebracht worden. Nach einigen Wochen kamen Bruder und Schwester, die überlebt hatten …

Noch immer sind wir in Deutschland und in anderen europäischen Ländern diskriminiert. Wir haben doch dasselbe Recht wie andere. So habe ich mich für die Rechte der Sinti und Roma engagiert. Dem Vorsitzenden des Zentralrats, Romani Rose, haben wir es zu verdanken, dass wir noch zu unserem Recht gekommen sind. Es ist nicht leicht, über all das zu sprechen. Ich werde nie vergessen. Meine Mutter und drei Geschwister wurden im August 1944 vergast.

Solange Gott mir die Kraft gibt, werde ich meinen Leuten helfen. Man kann nicht nur verlangen, man muss auch zurückgeben.

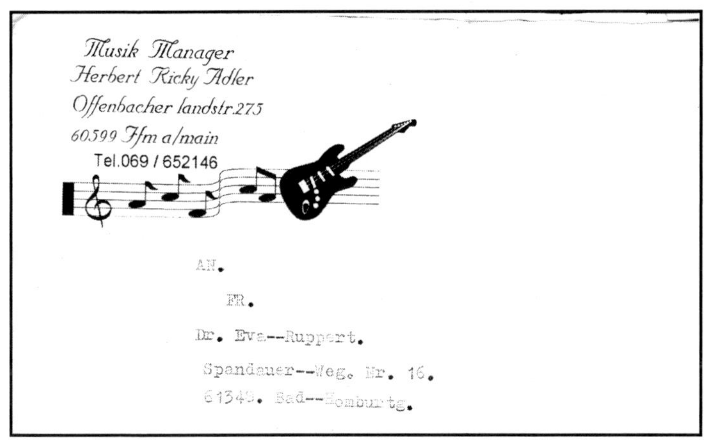

Musik Manager
Herbert Ricky Adler
Offenbacher landstr.275
60599 Ffm a/main
Tel.069 / 652146

AN.
FR.
Dr. Eva--Ruppert.
Spandauer--Weg. Nr. 16.
61348. Bad--Homburtg.

Herbert Ricky Adler, der vier Jahre die Volksschule besucht hatte, korrespondierte mit der Autorin

Herbert Ricky Adler, der sich Musikmanager auf seinem Briefkopf nannte, schrieb berührende Briefe. Einen möchte ich im Wortlaut zitieren:

»Verzeihen Sie mir, Frau Dr. Eva Ruppert, dass ich noch nicht so gut Deutsch schreiben kann, denn ich sagte ja Ihnen, dass ich nur vier Jahre die Schule besuchen konnte und dann in das Internierungslager in Ffm Dieselstraße und Kruppstraße mit meinen Eltern und Geschwistern von der Gestapo eingeliefert wurde. Wir durften keine Schule mehr besuchen und auch nicht mehr aus dem Lager gehen. Nur mein Vater durfte zur Arbeit gehen. Er war bei der Post in Frankfurt am Main als Oberpostrat und hatte an die 50.000 bis 70.000 Menschen zu betreuen.

Wir waren von Dortmund 1938 nach Frankfurt gekommen, wo mein Vater, Reinhard Adler, versetzt wurde, von Dortmund nach Frankfurt a. Main.

Meine liebe Frau Dr. Eva Ruppert, das wird Ihnen Ihr Sinto Ricky Herbert Adler niemals im Leben vergessen, was Sie für mich getan haben. (*Ricky Herbert Adler hatte mich gebeten, in Dortmund, wo ich Genossen der DKP kannte, nach dem Schicksal seiner Mutter bzw. nach einem Foto von ihr, die in Auschwitz ermordet worden war, zu forschen. Ich konnte nur das Foto einer Verwandten auftreiben*).

Ich werde Ihnen, Frau Dr. E. Ruppert, wie versprochen, die Bücher und auch andere Sachen zukommen lassen und werde Ihnen einen schönen Blumenstrauß senden für Ihre Arbeit (*ich hatte mit meinen Schülern eine umfangreiche Ausstellung über die Geschichte und das Schicksal der Sinti und Roma erarbeitet*), was Sie für Ihren Sintu Ricky gemacht haben, auch ein Dankeschön für Ihren Mann von mir, und ich hoffe doch, dass ich Sie und Ihren Mann in der Zentrale Heidelberg sehe. Die Einladung kommt, sobald wir mit der neuen Zentrale für Sinti und Roma in Heidelberg fertig sind. Es kann noch bis zum 15. oder 20. 7. 1996 dauern.

Aber, Frau Dr. Eva Ruppert, Ihr Sinto Herbert Ricky Adler hat Sie nicht vergessen. Ich habe Sie und Ihren Ehemann schon in der Liste bei uns in der Zentrale Heidelberg für Sinti und Roma eingetragen und würde mich freuen, Sie beide dann zu begrüßen, wenn die Einweihung am 15. oder 20. 7. 1996 (stattfindet).

Meine liebe Frau Dr. E.R., wie ich sehe, haben Sie eine gute Verbindung nach Dortmund. Ich habe schon zweimal nach Dortmund geschrieben wegen der Fotos meiner Mutter und der (3) Geschwister. Aber keine Antwort erhalten.

Vielleicht können Sie mir bitte, meine liebe Frau Dr. Eva Ruppert, helfen, zu den Fotos zu kommen. Denn Sie haben ja in Dortmund eine bessere Verbindung als ich sie habe. (*In Dortmund arbeitete das »Solidaritätskomitee für Erich Honecker«.*)

Ich gebe Ihnen mal die genauen Daten von meiner Mutter und den Geschwistern. Meine Mutter hatte den Namen Margarete Adler, geb. Braun, geb. am 15. 3. 1901 in … (*unleserlich*), meine Schwester Giesela Adler geb. am 1. 8. 1925 in Dortmund, Gertrud Adler, geb. am 1. 8. 1937 in Dortmund, und Ursela Adler, geb. am 21. 5. 1938 in Frankfurt a. M.

Vielleicht, Frau Dr. Eva Ruppert, sind in Dortmund noch Fotos vorhanden von meiner Mutter und den zwei Schwestern Giesela und Gertrud Adler.

Denn ich habe kein Foto von den drei. Versuchen Sie es doch einmal bitte, ob Sie das Glück haben, vielleicht? Von den drei ein Foto zu bekommen.

Das wäre für mich, Frau Dr. Ruppert, das schönste Geschenk auf der Welt, denn ich liebte meine Mutter sehr, auch meine drei Geschwister.

Vielen Dank dafür, Frau Dr. E.R., für Ihre lieben Briefe und Ihre Unterlagen, die Sie mir haben zukommen lassen.

Und wenn Sie mal, meine liebe Frau Dr. E. Ruppert, mit Ihrem Ehemann Zeit haben, lade ich Sie gern einmal ein, in Frankfurt zum Abendessen und zu einem Glas Wein oder einem schönen kalte Bier.

Ich würde mich sehr freuen, Sie beide mal in Ffm einzuladen, meine Schwester freut sich auch darauf, Sie mal mit Ihrem Ehemann kennenzulernen.

Mit freundlichen Grüßen sagt Ihnen, meine liebe Frau Dr. E. Ruppert, Ihr Sinto Herbert Ricky Adler, bis bald und Dankeschön für Alles.

Viele Grüße auch an Ihren Ehemann von mir. Danke. Ihr Sinto Ricky Adler.

P.S. Bitte schreiben Sie mir mal, Frau Dr. Eva Ruppert. Danke. Ricky«

Im Oktober 2004 verstarb Herbert Ricky Adler in Frankfurt am Main mit 76 Jahren. Der Zentralrat der Sinti und Roma würdigte ihn in einem Nachruf.

»Ricky war im Dokumentations- und Kulturzentrum Deutscher Sinti und Roma in Heidelberg und im Fritz Bauer Institut in Frankfurt am Main jeweils Mitglied des Beirats der Holocaust-Überlebenden. Außerdem war er Ehrenmitglied im Vorstand des Zentralrats Deutscher Sinti und Roma.

Adler überlebte als Jugendlicher die Konzentrationslager Auschwitz, Ravensbrück, Buchenwald und Sachsenhausen-Oranienburg. Adlers Vater war bei der Reichspost in Frankfurt beschäftigt.

Die Gestapo verschleppte im Jahre 1941 die neunköpfige Familie aus ihrer Wohnung in Frankfurt-Sachsenhausen in das kommunale Konzentrationslager für Sinti und Roma in Frankfurt-Riederwald und von dort im März 1943 aufgrund eines Himmler-Erlasses nach Auschwitz-Birkenau. Nur Herbert Adler und zwei seiner Geschwister überlebten und kehrten nach ihrer Befreiung in die Heimatstadt Frankfurt zurück.

Obwohl er in der KZ-Haft und durch das nationalsozialistische Programm der Vernichtung durch

Arbeit schwerste seelische und körperliche Gesundheitsschäden erlitt, engagierte er sich beim Zentralrat für die Entschädigung der ehemaligen Sklavenarbeiter aus der deutschen Bundesstiftung und für das geplante Holocaust-Denkmal der Sinti und Roma in Berlin beim Reichstag.

Solange es seine Gesundheit erlaubte, reiste Herbert Adler mit Delegationen des Zentralrats und des Dokumentationszentrums zu Gedenkveranstaltungen in den früheren Konzentrationslagern und jährlich am 2. August zum Internationalen Gedenktag der Sinti und Roma in Auschwitz-Birkenau, wo die SS am 2. August 1944 die letzten dort noch lebenden 3.000 Sinti und Roma, darunter Adlers Mutter und drei Geschwister, ermordete.

Er hielt Vorträge an Schulen und anderen Bildungseinrichtungen, um dazu beizutragen, wie er oft sagte, »dass niemals mehr Menschen das erleben müssen, was wir erlebt haben.«

Statt eines Nachworts: Sinti in der DDR

Auf der Suche nach einem Buch über das Leben der Sinti in der DDR stieß ich auf eine Veröffentlichung des Mitteldeutschen Verlages. Die Autorin, 1959 in Quedlinburg/DDR geboren, wurde vom Verlag mit der Vita vorgestellt: »Nach einem Studium der Sonderpädagogik in Rostock Regieassistentin an Theatern in Zwickau, Karl-Marx-Stadt und Halle. Seit 1992 freie Autorin. 2015 nominiert für den Deutsch-Polnischen Journalistenpreis. Mitglied des PEN.«

Das 2021 erschienene Buch wurde mit folgendem Text beworben: »Es war die unmittelbare Folge der Vernichtungspolitik der Nazis, dass es in der DDR nur wenige Sinti gab. Die zurückkamen, kämpften um die Anerkennung als Verfolgte des Nationalsozialismus. Sinti waren zwar ›normale‹ DDR-Staatsbürger, aber es gab für sie keine Anerkennung als ethnische Minderheit.

In ihren Familienverbänden lebten sie in einer Art Parallelgesellschaft. An den Schnittstellen wie in Schulen und Ämtern waren nicht wenige Sinti gesellschaftlichem Rassismus ausgesetzt, denn in der DDR – wie in der Bundesrepublik – lebten die alten Vorurteile gegenüber den ›Zigeunern‹ fort. Das Buch stellt erstmals den Alltag der Sinti in der DDR einer breiten Öffentlichkeit vor. Die Aufnahmen von

Markus Hawlik-Abramowitz beeindrucken durch die Nähe des Fotografen zu seinen Protagonisten. Sie entstanden im Rahmen seines Fotografie-Diploms 1983 an der Hochschule für Grafik und Buchkunst Leipzig, wurden in der DDR jedoch nie gezeigt. Erst nach Hawliks Ausreise kam es im *Stern* zur teilweisen Publikation; ein Großteil der Fotoserie wird in diesem Buch erstmals veröffentlicht.

Simone Trieders Essay beschreibt einfühlsam, faktenreich und anekdotisch die Erlebniswelt von Sinti im ostdeutschen Sozialismus. Grundlage sind ihre Recherchen in vielen Archiven und Gespräche mit Zeitzeugen.«

Nun ja, Verlage übertreiben immer ein wenig, um Leser zu gewinnen, und wenn ich das Selbstlob ignorierte, schien mir doch noch reichlich ideologische Einseitigkeit übrigzubleiben. Das Narrativ war mir vertraut: Ja, es gab auch Schlimmes im Westen, aber das Gleiche im Osten war um vieles schlimmer …

Aber »gesellschaftlichen Rassismus« in der DDR? Das war denn doch neben der Wirklichkeit.

Auf der letzten Seite des auf Fotopapier gedruckten Bandes erfuhr ich den Grund: »Die Arbeit an diesem Buch wurde durch die Beauftragte des Landes Sachsen-Anhalt zur Aufarbeitung der SED-Diktatur finanziell unterstützt.« Damit erklärte sich alles. Wer die Kapelle bezahlt, bestimmt auch die Musik, die gespielt wird …

Simone Trieder sei »im wahrsten Sinne des Wortes über das Thema gestolpert«, wie sie ihre Leser wissen ließ. Und berief sich etwa auf den Autor Reimar Gilsenbach (1925-2001), der sich in Eigeninitiative fast vierzig Jahre lang mit dem Thema beschäftigt und dafür keine Anerkennung bekommen habe, schlimmer noch: er wurde verfolgt. Er war schließlich mit Biermann und Havemann befreundet.

2012 war in Berlin ein Denkmal für 500.000 ermordete Sinti und Roma eingeweiht worden. Dazu Trieder: »In der DDR-Zeit war nicht nur diese Zahl unbekannt, auch als Opfergruppe waren Sinti und Roma nicht im Bewusstsein.«

Nun, die Zahl 500.000 ist in der heutigen Öffentlichkeit nicht nur weitgehend unbekannt, sondern auch in der Forschung umstritten.

Seit 1963 – also lange vor dem Beginn einer seriösen Forschung zum Thema – kursiert die Zahl von 500.000 Opfern. Sie geht auf eine grobe journalistische Schätzung im *Spiegel* 16/1963 zurück, die seither in Medien und Politik reproduziert wird. Auch der Zentralrat Deutscher Sinti und Roma und das von ihm getragene Dokumentationszentrum nennen diese Zahl. Laut Karola Fings und Ulrich F. Opfermann handelt es sich um eine »griffige Zahl«, die »wie die ›sechs Millionen ermordeten Juden‹ zum Teil als Pathosformel verwendet« werde. So die beiden Historiker in ihrer 2012 erschienenen Untersuchung »Zigeunerverfolgung im Rheinland und in Westfalen 1933-1945. Geschichte, Aufarbeitung und Erinnerung«.

Diese Angabe hat sich abseits der Forschung verselbständigt und wird mitunter erhöht auf »600.000 bis 1 Millionen« oder mehr. So Michael Klein in »Wiedergelesen«, in: *Antiziganismuskritik* 2/2010. Da sich diese Angaben nicht aus der Forschung begründen lassen, werden sie aufgegriffen, um den Genozidcharakter der nationalsozialistischen Zigeunerverfolgung wie generell die Forschungsergebnisse in Frage zu stellen. Es ist aber, so eine jüngere Forschungspublikation, »keineswegs redlich« – so etwa Karola Fings und Ulrich F. Opfermann –, »ob im politischen oder wissenschaftlichen Diskurs, damit den NS-Völkermord an Sinti und Roma zu bagatellisieren oder in Zweifel zu ziehen«.

Dieser Auffassung bin ich auch: Die Zahlenhascherei ändert nichts an der Tatsache, dass es sich um einen rassistisch motivierten Genozid gehandelt hat.

Und zweitens widerspreche ich Simone Trieder mit dem Hinweis, dass es sehr wohl Bücher in der DDR gab, die sich mit diesem Thema beschäftigten. Offenkundig hatte sie vergessen, dass »Ede und Unku«, ein Jugendroman der deutsche Autorin Grete Weiskopf – bekannter unter dem Pseudonym Alex Wedding –, in der DDR Schullektüre war. Das Erstlingswerk dieser Autorin beschreibt die Freundschaft des Berliner Jungen Ede mit der jungen Sintezza Unku während der Zeit der Weimarer Republik. Die Fotos für die Originalausgabe des Buches stammten übrigens von John Heartfield. Dieses Buch gehörte zu den Werken, welche bei der Bücherverbrennung 1933 in Deutschland ins Feuer flogen und vernichtet sowie verboten wurden.

Die DEFA verfilmte das Buch 1980 unter dem Titel »Als Unku Edes Freundin« war.

Nebenbei: 2005 erschien das Buch im Verlag Neues Leben, der zu jener Verlagsgruppe gehört, in der mein Buch erscheint. Und die Nachauflage enthielt auch das Kapitel, das Alex Wedding den Ausgaben in der DDR hinzugefügt hatte, was man inzwischen wusste: Erna Lauenburger, die im Buch beschriebene Unku, war 1944 in Auschwitz ermordet worden. Von den erwähnten Sinti des Buches überlebte nur die Berlinerin »Kaula« Ansin, eine Cousine Unkus, und die Großmutter des Berliner Musikers Janko Lauenberger.

Wenn man also über das Thema schreibt, kann man dieses Faktum nicht ausblenden. Es gehört schon ein wenig Ignoranz dazu, dies so wenig wahrhaben zu wollen wie die Tatsache, dass bis zur Gründung des Dokumentationszentrums für Sinti und Roma in Heidelberg zu Beginn der achtziger Jahre – als bereits Generationen in der DDR mit der Schullektüre »Ede und Unku« aufgewachsen waren – kaum jemand in der Bundesrepublik Alternativbezeichnungen für Zigeuner kannte, geschweige denn benutzte.

Trotzdem behauptete Trieder kühn: »In der DDR, wo man von Zigeunern sprach, waren die üblichen Begriffe Sinti und Roma so gut wie unbekannt.«

Warum?

Weil man im Westen »viel stärker sensibilisiert für kränkende und beleidigende Begriffe« war.

Herrliche Einfalt! Ich lebe in diesem Landstrich seit nunmehr neunzig Jahren und kann diese steile Trieder-These nicht bestätigen.

Natürlich, die Vorurteile gegenüber Sinti und Roma hielten sich in den Bevölkerungen beider Staaten. Bezüglich der Ressentiments unterschieden sich die Ost- von den Westdeutschen nicht so erheblich. Der fundamentale Unterschied bestand darin, wie die Obrigkeit damit umging. Wäre es z. B. denkbar gewesen, dass etwa der Leiter der Rassehygienischen und bevölkerungsbiologischen Forschungsstelle (kurz RHF) nach 1945 eine leitende Funktion in Frankfurt an der Oder bekommen hätte? Wohl kaum. In der DDR wäre auch kein Globke der zweite Mann hinter dem Regierungschef geworden, ein Mann, der die Nürnberger Rassegesetze kommentiert und als Graue Eminenz in Bonn nicht nur dem Bundeskanzler im Ohr gelegen hat.

Der DDR-Schriftsteller, DDR-Umwelt- und Menschenrechtsaktivist Reimar Gilsenbach, auf den sich Trieder beruft, war 1943 als Wehrmachtsoldat zur Roten Armee übergelaufen. In der DDR war er vielseitig journalistisch tätig gewesen. Von seiner auf vier Bände angelegten *Weltchronik der Zigeuner*, für die er über Jahre recherchiert hatte, erschienen Ende der neunziger Jahre lediglich zwei Bände.

Gilsenbach war Mitglied im Romani P.E.N.-Zentrum, das 1989 in Belgrad gegründet worden war. Eine Nachricht über diese Einrichtung erschien am 2. August 1993 in der *taz*. »›Verständnis gibt es dort, wo es gibt Verstand‹, sagt der Generalsekretär des Romani P.E.N.-Zentrums in Deutschland, Rajko Djurić, mit etwas Ironie. Doch so sehr die Roma und Sinti in Deutschland und anderswo Verständnis brauchen, damit ist es nicht getan. Sie brauchen praktische – und das heißt auch finanzielle – Hilfe. Aus den Büros des brandenburgischen Ministerpräsidenten Manfred Stolpe, des Regierenden Bürgermeisters von Berlin, Eberhard Diepgen, sowie des Kultursenators Ulrich Roloff-Momin, kamen bisher freundliche Worte, aber keinerlei Zusagen.«

Mit anderen Worten: Auch im Osten herrschten nun die im Westen bekannten Verhältnisse.

In dem Zeitungsbeitrag findet sich aber auch das: »Das Zentrum befindet sich also noch in einem Versuchsstadium. Das entspricht durchaus den Verhältnissen, denn die Literatur der Sinti und Roma steckt noch in den Babyschuhen. Die Lieder, Geschichten und Erzählungen der Roma wurden jahrhundertelang ausschließlich mündlich überliefert. Eine Schriftsprache existierte nicht. Erstmals im Sowjet-Russland der zwanziger Jahre begannen romanisprachige Journalisten und Autoren mit staatlicher Unterstützung ihre Muttersprache zu kultivieren. Der Allrussische Roma-Bund wurde gegründet sowie eine eigene Zeitung, *Nevo drom*, Neuer Weg. Schließlich gab es für einige Jahre sogar eine regelmäßige Radiosendung.«

Ach, schau an.

1954 waren laut Gilsenbach 122 Sinti als »Verfolgte des Naziregimes« in der DDR anerkannt. Es sollen in den fünfziger Jahren in der DDR schätzungsweise 300 Sinti gelebt haben. Es gab keine forcierte Sesshaftmachung im Unterschied zu anderen sozialistischen Ländern …

Kurzum: Dem Thema wäre eine weniger tendenziöse Behandlung angemessen gewesen, als ich sie in Trieders Buch gefunden habe.

Postskriptum: Dass die bürgerliche Presse das Buch trotzdem oder gerade deshalb empfahl, verwunderte nicht. *Der Spiegel* fledderte im Mai 2021

Die DDR setzte 1986 auf dem Friedhof in Marzahn diesen Gedenkstein – fünfzig Jahre nach den Olympischen Spielen, die die Nazis veranlasst hatten, die »Zigeuner« aus der Stadtmitte zu vertreiben. Inschrift: »Vom Mai 1936 bis zur Befreiung unseres Volkes durch die ruhmreiche Sowjetarmee litten in einem Zwangslager unweit dieser Stätte Hunderte Angehörige der Sinti. Ehre den Opfern.« Der Spiegel *allerdings wusste jedoch den wahren Grund: weil Gilsenbach einen langen Brief an Honecker geschrieben hatte …*

das Buch, indem er wie üblich die Geschichten wiedergab, als habe er sie selbst recherchiert. »Der Schriftsteller und Umweltaktivist Reimar Gilsenbach engagierte sich über Jahrzehnte unermüdlich für die Rechte der Sinti in der DDR. Gegen die Obrigkeit konnte er aber nur selten etwas ausrichten. So gelang es ihm während der SED-Herrschaft nicht, seine akribischen Nachforschungen in Buchform zu veröffentlichen.

20 Jahre nachdem er zwei entfernte Verwandte von ›Unku‹ kennengelernt hatte, konnte Gilsenbach 1986 immerhin einen Artikel über das Sinti-Mädchen in der *Wochenpost* veröffentlichen.

Im selben Jahr wurde auf dem Friedhof Marzahn in Berlin ein Gedenkstein eingeweiht, der an das nahe gelegene NS-Zwangslager für Sinti und Roma erinnern sollte. Offenbar war dies eine indirekte Reaktion auf einen langen Brief, den Gilsenbach 1985 an den Staatsratsvorsitzenden Honecker geschickt hatte. Über eine Stellungnahme Honeckers ist allerdings nichts bekannt. Gilsenbach war zu der Zeremonie nicht eingeladen.«

Quod erat demonstrandum.

Fünf Finger sind eine Faust

Von Vera Dehle-Thälmann

Die Tocher von Irma Thälmann, geboren 1959, Pharmazieingenieurin in der DDR, gründete 1993 in Stuttgart mit Überlebenden der Frauenkonzentrationslager Moringen, Lichtenburg und Ravensbrück sowie Angehörigen ehemaliger Häftlinge eine parteiunabhängige deutsch-deutsche Organisation. Sie nannten sie »Lagergemeinschaft Ravensbrück Freundeskreis e. V.« (LGRF). Eine der drei Sprecherinnen ist die Enkelin von Ernst Thälmann. Sie gehört dem Internationalen Ravensbrück-Komitee (IRK-CIR) und seit 2019 dem Beirat Brandenburgische Gedenkstätten an.
79 Jahre nach der Ermordung des KPD-Vorsitzenden erinnerten in Berlin viele Menschen sowohl am Thälmann-Denkmal in der Greifswalder Straße als auch in Ziegenhals, wo 1933 die letzte ZK-Sitzung mit Thälmann stattgefunden hatte, an die Mordtat der Faschisten am 18. August 1944.
Eine der Rednerinnen war Vera Dehle-Thälmann. Hier ihre Ausführungen:

Angesichts des aktuellen Rechtsrucks in diesem Land, angesichts der zunehmenden sozialen Spannungen und vor dem Hintergrund einer wachsenden Kriegsgefahr mit entsprechender Rhetorik und vor allem einer massiven Hochrüstung, ist das Erinnern,

Mahnen und Gedenken an die Menschen, die sich Faschismus und Krieg entgegensetzten, heute wichtiger denn je. Nur wer die Vergangenheit kennt, kann die Gegenwart und Zukunft bewältigen. Deshalb ist das Erinnern an die Ermordeten damals wie heute wichtig. Erinnern heißt handeln!

Vor 79 Jahren wurde mein Großvater Ernst Thälmann im Konzentrationslager Buchenwald nach elf Jahren Einzelhaft heimtückisch ermordet und meine Großmutter Rosa Thälmann und Mutter Irma Thälmann in das Frauen-KZ Ravensbrück verschleppt.

Das KZ Ravensbrück war das größte Frauen-KZ. Dort und in den vielen Außenlagern waren etwa 139.000 Frauen, Jugendliche, Kinder und auch Männer inhaftiert. Meine Großmutter und Mutter wurden im September 1944 nach Ravensbrück verschleppt. Auf ihren Papieren stand »Rückkehr unerwünscht«.

Hitler wollte die gesamte Familie Thälmann auslöschen. Nur der internationalen Solidarität durch die Kameradinnen im Lager war es zu verdanken, dass beide die Befreiung durch die Rote Armee erlebten.

Dies war und ist Grund genug mich, in der *Lagergemeinschaft Ravensbrück Freundeskreis e. V. (LGRF)* aktiv einzubringen und in der Hamburger Thälmann-Gedenkstätte (GET) als Mitglied mitzuwirken.

Die LGRF ist 1993 von Überlebenden der Frauen-KZ Ravensbrück, Moringen und Lichtenburg gegründet worden. Mit der Vereinsgründung haben sich die ehemaligen Lagerarbeitsgemeinschaften aus Ost und West vereinigt und gleichzeitig geöffnet für Angehörige und Freundinnen, für eine jüngere

Generation, die alles daransetzt, um das Vermächtnis der Opfer der Frauen-KZ zu wahren, die ehemaligen Frauen-KZ als Mahn-und Gedenkstätten zu erhalten und in diesen Institutionen mitzuarbeiten. Daher ist es unsere Aufgabe in ihrem Sinne weiterzukämpfen gegen Faschismus, Antisemitismus, Antiziganismus, Respektlosigkeit, ebenso wie Homo- und Transfeindlichkeit, Diskriminierung aufgrund sozialer Situationen, ihrer Herkunft und Behinderung.

Maria Potrzeba, ehemaliger Häftling des Jugend-KZ Uckermark schrieb im Jahr 2014: »Das braune Gift macht sich wieder breit, bitte kämpft mit aller Macht dagegen!«

Diesen Kampf müssen wir leider seit einigen Jahren ganz massiv zu den Befreiungsfeierlichkeiten des KZ Ravensbrück nicht gegen deutsche Nazis, sondern gegen polnische Nationalisten führen. Die polnischen Häftlinge bildeten die größte Opfergruppe in Ravensbrück. Wir haben zwei Broschüren über polnische Widerstandskämpferinnen herausgegeben. Seit drei Jahren erinnern wir im April auf dem Fürstenberger Friedhof am Denkmal an die neunzehn polnischen Frauen, deren Asche dort gefunden worden war. In diesem Jahr wirkten auch polnische Jugendliche und verschiedene polnische Organisationen mit.

Jetzt zitiere ich aus einem Bericht in der *antifa*, dem Magazin der VVN/BdA für antifaschistische Politik und Kultur:

»April 2023, 78. Feier anlässlich der Befreiung des Frauenkonzentrationslagers Ravensbrück, Parkplatz der Mahn- und Gedenkstätte: Eine Gruppe sportlicher, schwarz gekleideter junger Männer mit NSZ-

Mit der Enkelin von Ernst Thälmann vor dem Stein in Ziegenhals, der an die letzte ZK-Tagung mit dem KPD-Vorsitzenden am 7. Februar 1933 erinnert; Aufnahme 20. August 2023

Fahnen (*NSZ steht für Narodowe Siły Zbrojne, eine polnische nationalistische Untergrundorganisation, die in ihrem Kampf gegen Juden, Zigeuner, Kommunisten und Ukrainern auch mit der faschistischen Besatzungsmacht kollaborierte – E. R.*) trägt ein Transparent, auf dem neben der Aufschrift »Polnischer Stolz« ein durchgestrichenes Hakenkreuz und ein durchgestrichenes Hammer-und-Sichel-Symbol zu sehen sind.

Sie werden von allen Seiten fotografiert und gefilmt, unter anderem vom polnischen Staatsfernsehen *TVP* und einem Radiosender aus Szczecin. Sie sind umgeben von Polizisten, die sie nicht auf das Gelände lassen. Diese Szene markiert das Ende einer als gewöhnlicher Gedenkstättenbesuch in Szene gesetzten Provokation eines rechten bis extrem rechten Bündnisses.

Die NSZ erfährt im heutigen Polen, insbesondere von den Regierenden, große Aufmerksamkeit. Am 9. Mai 2023 bemerkte ein Abgeordneter der extremen Rechten im polnischen Parlament, dass die NSZ viele der im Raum anwesenden Abgeordneten erschossen hätte, was er augenscheinlich für gut hielt.

Auf der Grundlage eines historischen Gutachtens, erstellt im Auftrag der Mahn- und Gedenkstätte Ravensbrück, sind Symbole der NSZ auf dem Gelände der Gedenkstätte nicht gestattet. Als die etwa 20 Mann starke Gruppe anlässlich der Befreiungsfeier mit Fahnen und Armbinden der NSZ das Gelände betreten wollte, hinderten sie daran ein Mitarbeiter der Mahn- und Gedenkstätte und beherzte Antifaschisten. Polizei rückte zwar zügig an, war aber zunächst so schlecht besetzt, dass sie das Hausverbot nur mit Mühe durchsetzen konnte. Der anwesende polnische Konsul und die Leitung der Mahn- und Gedenkstätte wurden zu Verhandlungen hinzugezogen. Die Gruppe weigerte sich, Fahnen und Armbinden abzulegen. Im Ergebnis legte der Konsul den ebenfalls mit NSZ-Symbolik geschmückten Kranz der Gruppe an der Gedenktafel für die im KZ ermordeten Polinnen ab.

Zur Markierung des Ortes hatte die Gruppe in Fürstenberg und auf der Landstraße nach Ravensbrück Schilder mit der Aufschrift: ›German Death Camp‹ aufgehängt. Diese Bezeichnung verwies auf eine Kampagne der Regierungspartei *PiS*. Mit dieser soll vordergründig klargestellt werden, dass die Konzentrations- und Vernichtungslager im besetzten Polen von Deutschen installiert und geführt wurden. Im Kern geht es aber, wie das Gesetz zum ›Schutz des guten Namens der polnischen Nation‹ zeigt, um die Manifestation eines Geschichtsbildes, das Polen ausschließlich als Opfer oder als Widerstandskämpfer im Zweiten Weltkrieg darstellt. Kritische Debatten und Forschung beispielsweise bezüglich der Beteiligung christlicher Polen am Holocaust werden damit behindert oder kriminalisiert. Die Soziologin Barbara Engelking etwa sah sich aufgrund ihrer Forschung juristischen Angriffen ausgesetzt, und man drohte ihr zuletzt anlässlich eines kritischen Interviews im Kontext des Jahrestags des Aufstands im Warschauer Ghetto damit, die staatliche finanzielle Unterstützung ihres Instituts zu stoppen.

Die Internetpräsenz der NSZ-Aktion in Ravensbrück orchestrierte vor allem Dariusz Matecki aus

Provokation nationalistischer Kräfte aus Polen in der Gedenkstätte Ravensbrück, Frühjahr 2023

Szczecin, ein Abgeordneter der rechten Partei *Suwerenna Polska*, Koalitionspartner der *PiS*. Er agiert unter anderem als landesweit bekannter, einflussreicher Internetcampaigner, der vor allem auf den Socialmedia-Kanälen zweier Stiftungen aktiv ist. Zum einem beim ›Zentrum zum Monitoring von Antipolonismus‹: Hier werden geschichtspolitische Auseinandersetzungen für die polnische Rechte propagandistisch ausgeschlachtet und bei der Staatsanwaltschaft Anzeigen gestellt. Und zum anderen beim ›Zentrum zum Monitoring von Christenfeindlichkeit *Fidei Defensor*‹, das vom Justizministerium finanziert wird. Hier werden vor allem christlich-fundamentalistische Inhalte verbreitet und gegen LGBTQI-Aktivitäten gehetzt.

Die Vorfälle in Ravensbrück sind als Provokation einer extrem rechten Gruppe, der NSZ Szczecin, eines rechten, regierungsnahen (Internet)-Campaigners sowie einzelner Protagonisten wie dem Journalisten des staatlichen Fernsehsenders TVP zu werten. Sie instrumentalisieren das Gedenken in Ravensbrück, um mit inszenierten ›Skandalen‹ nationalistische Stimmungen zu initiieren und zu stärken. Ihre propagandistische Interpretation des Vorfalls lautete: Hier praktizieren Deutsche Antipolonismus – erst selektieren sie Polen im Zweiten Weltkrieg und jetzt beim Gedenken.

Für die Befreiungsfeier im nächsten Jahr muss man sich wohl darauf einstellen, dass die polnische extreme Rechte mit Rückendeckung der polnischen Regierung darauf dringt, dass Abzeichen von faschistischen, antisemitischen Organisationen wie der NSZ gezeigt werden dürfen und es Versuche geben könnte, dies praktisch durchzusetzen. Das sollten wir als Antifaschisten verhindern.«

Soweit der Beitrag in der *antifa*.

Mir liegt aber nicht nur die Arbeit in Ravensbrück am Herzen, sondern auch die der Thälmann-Gedenkstätte in Hamburg wie die aller anderen Thälmann-Vereine.

Die GET in Hamburg hat die Besonderheit, dass sie sich im einstigen Wohnhaus der Familie Thälmann befindet. Sie zeigt eine Ausstellung und verfügt über ein Archiv der Arbeiterbewegung der KPD und SPD und weit darüber hinaus. Nicht nur deshalb ist es wichtig, dass der authentische Ort mit seinen ganzen Schätzen und vielen Veranstaltungen und Besuchern aus dem In- und Ausland erhalten bleibt, sondern ganz besonders in dieser Zeit vor allem politisch. Im Mai 2022 wurde ein neuer Vorstand gewählt. Durch die neue Zusammensetzung ist die Zusammenarbeit der Thälmann-Vereine wieder enger geworden, und dass diese weiter ausgeweitet werden sollte, darüber denke ich, sind sich alle einig.

So wie Thälmann es immer wieder betont und auch selber praktiziert hat: Nur durch Gespräche mit Gewerkschaftlern, Arbeitern, Bauern, ganz allgemein mit den Menschen, hingehen in die Massen, nur durch die Einigkeit der Arbeiterklasse, aller friedliebenden Menschen, des gesamten Volkes kann eine Welt ohne Faschismus, Ausgrenzung, Rassismus, Antisemitismus, Antiziganismus, eine Welt ohne Kriege, eine Welt von Frieden entstehen. Das fängt damit an, das alle linken Kräfte miteinander kom-

Inge Pardon und Eva Ruppert vor dem beschmierten Thälmann-Denkmal in Berlin, 18. August 2023

munizieren, sich tolerant, respektvoll verhalten und nicht jeder auf seinen Standpunkt beharrt, sondern einen gemeinsamen Nenner findet, darauf aufbaut und zu einer großen gemeinsamen Sache kommt. Dies geschieht aber nicht, wenn man sich öffentlich streitet und damit Uneinigkeit zeigt.

Ich glaube, das wissen alle hier Anwesenden, das hat uns die Geschichte gelehrt – doch wir haben es bis jetzt nicht geschafft, daraus zu lernen. Denn mit

Zersplitterung geben wir den Faschisten nur Vorschub.

Oder ist es bereits später als »fünf vor zwölf«? Hier möchte ich einen Ausspruch von Ester Bejerano nennen: »Das Haus brennt – lasst uns jetzt handeln, bevor es zu spät ist!« Zeigen wir, dass wir klüger sind! Nehmen wir die Probleme, Ängste der Menschen sehr ernst, reden wir mit ihnen, versuchen wir gemeinsam mit ihnen Lösungen zu finden. Arbeiten wir aktiv mit ihnen in den Betriebsräten, Elternbeiräten, in den Kommunen, gehen wir auf die Straße, um mit den Menschen ins Gespräch zu kommen!

Deshalb, liebe Thälmann-Freunde, lasst uns Vorbild sein und uns sofort damit anfangen, um dann alle anderen mitzunehmen. Auch wenn wir von staatlicher Seite keine oder kaum Unterstützung für unsere Arbeit erhalten. Daher sollten wir uns viel mehr untereinander unterstützen, helfen, zusammenhalten und viel mehr gemeinsam auftreten, um zu zeigen, das wir viele sind, mehr als die braune Brut. Denn nur einig und gemeinsam sind wir stark.

Fünf Finger sind eine Faust. Eine Faust ist eine Hand, und viele Hände sind wir gemeinsam und stark. Rot Front!

verlag am park – eine Marke der
edition ost Verlag und Agentur GmbH

ISBN 978-3-89793-380-4

1. Auflage 2023

Umschlaggestaltung und Satz: edition ost
Fotos: Archiv Ruppert, Robert Allertz S. 15, 32, 34, 35, 51, 64, 78
Titel: Unter Verwendung eines Fotos von Robert Allertz: Das Mahnmal für die ermordeten Sinti und Roma neben dem Reichstag in Berlin
Druck: Sowa Druk, Warschau

14,00 Euro

www.eulenspiegel.com